EX従業員エクスペリエンス

会社への求心力を強くする人事戦略

PwCコンサルティング合同会社

加藤 守和　　**土橋 隼人**
Morikazu Kato　　Hayato Dobashi

日本能率協会マネジメントセンター

はじめに

　皆さんは、充実した毎日を送れていますか？

　仕事のやりがい、働きやすさ、上司や同僚との人間関係、会社からの評価、十分な水準の報酬。自身の充実度をはかるには、さまざまな要素があります。なかには、良いこともあれば、悪いこともあるでしょう。自身が充実しているかどうかは、何かひとつの要素が満たされていれば良いというわけではなく、トータルで判断するものです。

　自身の充実度をはかるために、簡単なワークがあります。自身の1週間のスケジュールを色分けしてみることです。

　先週のスケジュールを開いてみてください。

　先週1週間の活動を思い起こし、そこに会議や資料作成、移動時間などの仕事に関するアクティビティのほか、子どもの送迎、英会話やフットサルなどの趣味の時間も入れてみます。

　すべてのアクティビティを入れ終わったら、その1つ1つについて自分がどのように感じたかを蛍光マーカーで色分けしてみます。達成感や充実感などのポジティブなものには「青色」、特段の感情の起伏がおこらないものには「黄色」、怒りや退屈などのネガティブなものには「赤色」を塗ってみてください。

　自分のスケジュールが「青色」で満たされていれば、毎日が充実していた証拠です。「黄色」や「赤色」が目立つようであれば、何かが満たされていない可能性が高いと判断できます。まさに、自身の充実度は黄色信号・赤信号というわけです。

　米国の心理学者で幸福学の権威でもあるエド・ディーナーの研究によると、ポジティブな体験の「頻度」はポジティブな体験の「強度」より幸福度の予測材料としてはるかに優れているとのことです。

　毎日、ささやかなポジティブな体験が数多くあるほうが、驚くほど素

晴らしい経験が1回だけおこる人よりも幸せである可能性が高いという
わけです。昇格したり、特別ボーナスが支払われたりすると嬉しいです
が、その充実感は長続きするものではありません。毎日の仕事の中で成
長実感が得られることや、上司や同僚と温かく刺激のあるコミュニケー
ションが継続的にあることなどのほうが充実感を得やすいわけです。

　体験を通して得られる価値とは、とてもデリケートなものです。本来、
良い体験になるはずのものでも、些細な部分で台無しになってしまうこ
ともあります。

　例えば、あるメンバーの異動が決定したとします。その異動は本人の
キャリアにとって、良いステップになると会社が判断し、期待を込めて
決定したものだったとしましょう。しかし、上司が本人にその期待を伝
えず、異動が決定した事実だけを伝えたらどうなるでしょうか。

　本人は自身にかけられた期待を理解することはできず、本人の中でポ
ジティブな意味づけはできなくなります。むしろ、「いまの仕事を外さ
れた」とネガティブに捉えてしまう可能性すらあります。

　体験はデリケートなものだけに、きちんとデザインされている必要が
あります。従業員エクスペリエンスとは、社員が仕事を通じて得られる
体験（およびその質）のことであり、その体験をポジティブな体験で満た
すことが重要です。

　本書は従業員エクスペリエンスを効果的にデザインするための指南書
になります。第1章から第4章は企業の視点から従業員エクスペリエン
スをデザインするための基本的な考え方やフレームワークなどを解説し
ています。第5章では、実際の職場で従業員エクスペリエンスを高める
ための具体的なケースや施策を取り扱います。第6章では、先進企業で
はどのような取り組みが行われているかを紹介しています。

　最初から順番に読んでいただければ、体系的に従業員エクスペリエン

スを理解できる構成になっていますが、興味のあるところから読んでいただいても理解できる内容となっています。

　本書全体を通して取り扱っているテーマは、「選ばれる会社」になることです。

　日本全体の少子高齢化は進み、人的資本は貴重な経営資源になりつつあります。しかし、従業員は感情を持つ1人の人間です。会社に対してロイヤリティを持って働くこともあれば、会社や仕事に幻滅してパフォーマンスが落ちることもあります。また、会社を辞めることも、かつてより敷居が低くなっています。もはや、お金を払えば、従業員が喜んで働くという時代ではありません。

　働きやすさ、働きがい、会社への共感、仕事から得られる成長実感、温かく刺激のある人間関係、納得できる金銭報酬。

　このような要素が高いレベルで揃ってはじめて、従業員は会社に対する貢献意欲や所属意識を持つことができます。

　それらのカギは従業員エクスペリエンスです。従業員がイキイキと働けるためには、どうすればよいか。本書を通して、その答えを探していただけたら幸いです。

注）本文内での「新入社員」は特別に断りがないかぎり、新卒および中途で入社した社員を表します。

第1章 | 従業員エクスペリエンスとは何か

第**3**章 ┃ EXをデザインする

第4章 EXにおけるテクノロジー活用

第6章　先進企業4社の事例

第 **1** 章

従業員エクスペリエンス
とは何か

従業員の職場体験の充実を考える

◎大変革時代にある企業の最大の差別化資源とは

　いま、企業を取り巻く環境は大きく変わろうとしています。世の中の不確実性は高まり、これまでの「勝ち筋」がそのまま通用しなくなってきています。

　国際紛争や政情不安による地政学的リスク、生成AIをはじめとした新たなテクノロジーによる破壊的イノベーション、環境負荷への関心の高まりや規制の強化、業界・産業の常識やルールをひっくり返す新たなプレイヤーの台頭。

　目まぐるしく変わる外部環境に対する対応を誤ると、一気に経営危機に陥りかねません。

　時代の移り変わりに伴い、経営資源の優先度も変わってきました。かつては「ヒト・モノ・カネ」のうち、「モノ・カネ」に優先度が置かれていました。大規模な設備や工場を持ち、グローバルに物流網や営業チャネルを張り巡らせ、大々的に広告・宣伝を展開する――。

　モノ・カネが大きければ、それだけ市場に対する影響力を持つことができ、参入障壁を高くすることができました。

　しかしいまは、「ヒト」に優先度が変わってきました。その背景には、世の中の価値のシフトがあります。世の中の価値はモノからサービスやコンテンツに移りつつあります。特に、革新的なサービスやコンテンツは、社会全体に大きな影響を及ぼすことも少なくありません。事実、私たちは短期間のうちに多くのイノベーションを目の当たりにしてきました。スマートフォンの世界的普及をはじめとして、音楽・動画プラットフォームやシェアリングサービス、メタバースや自動運転の登場。

　高品質で量産可能なプロダクトではなく、新たな価値を生み出すサービスやコンテンツが人々の生活や消費行動を変えていっています。

　これらのサービスやコンテンツを生み出すのは、「モノ・カネ」ではなく、「ヒト」です。高品質で大量の製品・サービスを世の中に提供することで勝てた時代は「モノ・カネ」を持つことで戦略的な優位性を持つことができました。

　しかし、**ユニークで独創的なサービスやコンテンツが求められる時代では、「ヒト」**が重要な差別化要因になります。

◎「ヒト」という資本の価値をどう見るか

　日本でも人的資本経営という考え方が広がってきました。既知のとおり、人的資本経営とは人材を「資本」と捉え、その価値を最大限に引き出すことで中長期的な企業価値向上につなげる経営のあり方です。

　人的資本経営に注目が集まるということは、日本企業において改めて「ヒト」という資本に対する価値の見直しが起きていることの表れです。

　1990年代後半に「War for talent（人材獲得・育成競争）」のもとに、米国を中心として企業の競争優位の源泉は人材にあるという議論が沸き起こりました。それからおよそ30年を経て、改めて「企業の価値を創造するのは従業員1人ひとりの『人材』である」という考え方が広がるのは、それだけ「ヒト」を資源として捉えることの難しさを表しています。

　当たり前ですが、「ヒト」は1人ひとり価値観が違い、働く動機もそれぞれ異なります。仕事の成功に重きを置く従業員もいれば、職場の人間関係を重視する従業員もいます。プライベートの充実を優先する従業員もいれば、報酬面での厚遇を熱望する従業員もいるでしょう。「ヒト」を資源として見ることが難しいのは、この「従業員それぞれが多様な物事の捉え方や感じ方をする」からです。

　高い報酬は誰にとっても嬉しいものです。しかし、報酬を引き上げれば、人は動機づけられるかというとそう簡単ではありません。もし、「ヒト」の動機が金銭報酬だけに惹きつけられるのであれば、高報酬の業界や会社に人材が集中します。

　しかし、実際はそうはなっていません。会社の社会的存在意義、経営

者のポリシーや考え方、自分のやりがいを感じる業界や仕事、適度な
ワークライフバランス、上司や同僚との良好な人間関係、勤務地や報酬
の納得感──。それぞれ自分なりの動機や価値観に基づき、それぞれが
独自の魅力を見出しているのです。

　**多様な人材を動機づけ、従業員としての人材価値を最大化するには、
画一的な制度や仕組みでは1人ひとりを満足させることはできません。**
　社員研修や評価面談、評価基準や手当支給。これらはある人にとって
は動機づけの要因であっても、他の人にとっては動機を損なう原因にな
るかもしれません。
　例えば、選抜型研修で、経営幹部の素養がある人を選んで教育投資を
したとします。出世意欲の強い人は選抜されたことで動機づけられるか
もしれませんが、出世に関心のない人にはさほど効果はありません。
「管理職になりたくない」という意識の人には、むしろ迷惑に感じられ
るでしょう。
　実際に厚生労働省の調査では、西暦2000年以降に成人を迎えたミレ
ニアル世代の女性の21%、男性の15%は勤務時間の短縮と引き換えに
給与の一部カットや昇進の遅れを受け入れる、という回答をしています。
（出所：厚生労働省『平成30年若年者雇用実態調査の概況』2019）

◎EXを重要な経営課題として捉える

　多様な人材の貢献意欲や人材価値を引き出すためには「点」ではなく、
「線」で捉えなければなりません。各社各様の個別の仕組みで「点」で
対応していると、一定数の不満足・不活性人材を生み出しかねません。
　個別の「点」では不満足があっても、大きく満足する「点」をつくっ
て「線」で捉えると、総体として満足に変わっていきます。
　「線」で捉え、従業員の充実感の最大公約数を引き出すようにトータ
ルでデザインする必要があるということです。
　本書のテーマである**従業員エクスペリエンス**（EX；Employee Experience）

とは「社員が仕事を通して得られるすべての体験およびその質」のことをいい、この体験を通して働く人の意欲や満足度そして幸福度を高めることです。

　つまりEXとは、社員のさまざまな仕事体験を捉え、それら1つ1つをポジティブに認識できるようにしていくことで、会社や仕事に対する求心力を高めていくことです。

　「ヒト」が最も重要な経営資源となるなか、EXを高めていくことは重要な経営課題の1つともいえます。

　従業員が個々の体験に充実感を覚え、それによって存分に力を発揮することは、イノベーションや成長の推進力を生み出し、ひいては企業価値の向上という連鎖を組織内に生み出すことにつながります。

CXから派生したEX

◎心が体験する感覚的な価値

　顧客の体験価値を高める──。昨今はこのような理念を掲げる企業が増えてきました。「顧客体験（CX；Customer Experience）」は、顧客の商品・サービス購入や利用にかかわるさまざまな体験を「顧客にとっての価値」と定義づけるものです。

　かつて、顧客への提供価値は多くの場合、商品やサービスの物質的な満足度にあると捉えられてきました。レストランであれば料理、家電メーカーであれば洗濯機や電子レンジなどの製品、塾や予備校であれば教育コンテンツなどです。物質的な価値こそが、顧客への提供価値だったのです。

　しかし、顧客の満足度は、商品やサービス自体の物質的な価値だけではありません。むしろ、それ以外の部分をないがしろにすることで大きく損なわれることもあります。

　レストランの料理はおいしかったものの、店内は騒々しく落ち着いて

食事ができなかった。製品・サービスの内容を店員に尋ねても、要領を得ない説明だった。このようなことがあれば、いかに商品やサービスが優れていても顧客は離れていきます。

　商品やサービスが物質的な価値であるのに対し、心が体験する感覚的な価値が存在します。その感覚的な価値こそがCXです。

　CXの担い手は従業員です。従業員の判断や機転によって、CXは大きく左右されます。

　繁盛店の行列に並んでいると、従業員が温かい飲み物をサービスしてくれた。商品やサービスについて尋ねてみると、親身になって相談に乗ってくれた。騒がしい店内だったが、落ち着いた席へ移してくれた。

　このように不満足を引き起こしかねない状況であっても、従業員の対応ひとつでファンになってくれることがあります。

　顧客が善し悪しを判断する瞬間を「真実の瞬間」といいます。1981年にスカンジナビア航空のCEOに就任し、赤字で苦しんでいた同社をたった1年で立て直したヤン・カールソン氏が提唱した考え方で、同氏の著書『真実の瞬間　SASのサービス戦略はなぜ成功したか』（堤猶二訳、ダイヤモンド社、1990年）にその内容が記されています。

　カールソン氏は、サービススタッフが航空機を利用する顧客と実際に直接関わる時間はたった15秒と捉え、この15秒の顧客と接する時間、つまり「真実の瞬間」を充実させることが経営の成功につながると考えました。そこで、顧客ニーズに最適な対応ができるよう社員の育成に注力し、根本から意識改革を行ったことで会社を再生させました。

　同書では「真実の瞬間」の重要性を次のように説いています。

　「真に自分たちの会社を、顧客の個々のニーズに応える企業にするつもりなら、現場からかけ離れた部署でつくられた規則書や指示書に頼ってはならない。15秒の真実の瞬間にスカンジナビア航空を代表している航空券係、客室乗務員、荷物係といった最前線の従業員に、アイデア、

決定、対策を実施する責任を委ねることが必要だ。もし**問題が起こるたびに最前線の従業員が上層部の意向を確かめていたら、貴重な15秒間がむだになり、顧客を増やすせっかくの機会を失ってしまう。**」（太字は筆者）

◎EXはCXをも高める

CXを高めるためには、「真実の瞬間」が失われないうちに従業員が瞬時に判断して動かねばなりません。

従業員自身が所属している会社や提供している製品・サービスに愛着を持ち、顧客に尽くしたいという気持ちがあって、はじめて自ら瞬時に反応するものです。「自社を良く思ってもらいたい」「この製品をもっと知ってもらいたい」という気持ちを最前線の従業員が持っていれば、目の前の困っている顧客に対して「何かをしたい」という行動が自然と出てきます。

逆に、会社への不満を持っていたり、やらされ仕事だと思っていたりすると、目の前に困っている顧客がいてもそのことを認識できません。声をかけられるまで、「待ち」の姿勢でいることでしょう。これでは、顧客体験であるCXは充実したものになりません。

CXを高めていくには、その担い手である従業員の体験であるEXが高まっていなければならないということです。

PwCが行った『世界の消費者意識調査2019』では、「実店舗での買物体験を最も改善するものは何か」という設問に対し、「店内で商品をスピーディーかつ便利に探せること（40%）」という回答が最も多く、次いで「取扱商品について深い知識を持った店舗スタッフ（34%）」という結果でした。

店舗において「店舗スタッフの対応」も顧客にとって重要な価値であり、その対応により顧客の満足度に大きく影響することを押さえておかねばなりません。

従業員エンゲージメントと何が違うのか

◎従業員エンゲージメントとは

　従業員エンゲージメントとEXの関係についても触れておきましょう。

　エンゲージメントとは「誓約」や「約束」を意味する言葉であり、「深いつながりを持った関係性」がその真意です。そして**従業員エンゲージメントとは、会社と社員のつながりの強さであり、社員が自主的に会社へ貢献しようとする気持ちの度合い**をいいます。

　かつてQCサークル活動が盛んに行われていた日本企業の多くは、従業員同士が家族のような近しい関係にありました。

　しかしながら、昨今の日本企業の従業員エンゲージメントは低いことがさまざまな調査で指摘されています。

　例えば、米国の調査会社ギャラップが実施した『グローバル職場環境調査2023』では、仕事への熱意や職場への愛情を示す社員の割合が日本は5%です。これは調査対象145カ国の中でも最低水準の数値であり、世界平均23%からも大幅に下回っています。

　従業員エンゲージメントは、企業の活力に直結するものです。2023年3月から上場企業をはじめとして大手企業4000社に対して有価証券報告書での人的資本情報の記載が義務化されたことで、従業員エンゲージメントはその一項目として開示しなければならなくなりました。

　従業員エンゲージメントは、企業が人的資本をいかに有効に活用できているか、企業が人材をいかに惹きつけているかを示す指標であることから、経営者・投資家からの関心が極めて高い項目の1つです。

　従業員は会社で仕事をはじめとしたさまざまな要素を考慮して、会社との関係性を決めます。「この会社のために一生懸命尽くしたい」「与えられた仕事はきちんと行いたい」といったポジティブなものもあれば、「会社に行くのが辛い」「もう、辞めたい」などのネガティブな関係性も

あります。

◎従業員エンゲージメントは「結果」、EX は「プロセス」

社員1人ひとりが「結果」として会社との関係性をどのように認識しているかが、従業員エンゲージメントです。EX はその結果に対する原因であり、「プロセス」です。

従業員は会社でさまざまな体験をし、その場その場でその体験を感覚的に評価します。仕事で新たに受注が取れたり、顧客から感謝されたりしたら良い気分になるものです。上司から理不尽に叱られたり、仕事でトラブルが発生したりしたら嫌な気分になります。同僚との楽しい雑談は心を和らげる一方で、納得できない評価は不満を生みます。

従業員はその1つ1つの体験をトータルで判断し、会社との関係性を自分の中で見極めていくものです。

繰り返しになりますが、従業員エンゲージメントと EX は、結果と原因の関係です。結果である従業員エンゲージメントを高めるには、原因である EX を充実させなければなりません。従業員の1つ1つの体験の充実こそが、従業員エンゲージメント向上のカギとなるわけです。

◎従業員エンゲージメント調査をどう活用するか

PwC コンサルティング合同会社（以下、PwC コンサルティング）が行った『エンプロイーエクスペリエンス2022-2023調査』に興味深い結果が示されました。同調査では参加企業の EX 施策実施状況を質問し、その回答状況から企業としての EX 成熟度を測定しています。

調査結果から、EX 成熟度と従業員エンゲージメントには強い相関性が確認されました。従業員体験を充実させるために、さまざまな施策を実施している企業では、結果として従業員エンゲージメントが高まっているというわけです。

同調査では、従業員エンゲージメントと EX のデジタルツールとの相

関性も確認されました。昨今はさまざまなデジタルツールの活用により、従業員体験の創出や効果測定が可能です。採用や教育での動画コンテンツ、会議・研修・イベントなどのさまざまな場面で従業員のフィードバックを収集する簡易サーベイ、現場マネージャーに効果的なアクションを促すダッシュボードなどをはじめとして、1on1のログをもとに効果的な対話を行うためのガイドやトピックを提供するツールもあります。これらのデジタルツールを駆使している企業ほど、従業員エンゲージメントが高いといわれます。

　従業員エンゲージメント調査は実施しているものの、改善策を実施し、その効果まで出せている企業は多くありません。同調査の回答企業において、従業員エンゲージメント調査を実施している企業が約66%、そのうち改善施策の実施をしている企業は約37%に留まっていました。さらには改善効果が出ている企業は約14%でした。

　少し厳しい言い方をすると、従業員エンゲージメント調査を「やりっ放し」にしたままで、改善に結びつけられていない企業が多いということです。これは、従業員エンゲージメント調査をしてもその原因がわからないがために有効な手を打てないからです。

　テクノロジーが急速に進化し、企業（および上司）と従業員の接点で起きていることが把握できるようになったことでこの状況は改善されてきています。

　EXに取り組む企業では従業員体験を充実させるための施策を行ったうえで、従業員からのフィードバックを早く集めて、そこから施策をアップデートするという一連のサイクルを高速で回転させています。従業員エンゲージメントはデータドリブンで実現できるようになってきているのです。

　従業員エンゲージメントは、企業活力そのものです。人的資本経営の導入が進みつつある現在、その重要性がさらに増していくことは容易に想像できます。従業員エンゲージメントは結果であり、その原因やプロ

セスを変えていかなければ、その結果は変わりません。

EXを高めていくということは、その原因やプロセスの改善を伴うということです。EXに着目し、その原因やプロセスまで踏み込んで対応するかどうかによって、従業員エンゲージメントが大きく左右されます。

要するにEXへの取り組みは、従業員エンゲージメントを高めるための重要なドライバーの1つということです。

EXが組織と従業員にもたらすこと

◎組織にとってのEXの意味

EXは、組織と従業員の双方に大きな意味をもたらします。

まず、**組織にとってEXがもたらすものとは、「従業員価値の再定義」**です。「ヒト・モノ・カネ」という経営リソースの中でヒト（従業員）はそれぞれ感情や性格が異なるため、最も取り扱いが難しい資源です。

人材を「人財」と言い表す企業があります。「ヒト」という経営資源が単なる労働力ではなく、「財（＝宝）」であるという企業の姿勢を標榜した表現です。

かつての人材マネジメントは、従業員へのアプローチは一律的でした。画一的な教育システム、期待する基準を示した評価制度、標準的な社員モデルをもとに設計された福利厚生制度。これらは、社員を全体として捉え、最大公約数的に社員をマネジメントするものです。このような人材マネジメントが十分に機能していたのは、日本企業の組織の同質性が高かったからです。

高度成長期の日本企業の働き手は正社員の男性が中心であり、転勤や残業などの制約がない人材が大半でした。このような同質性の高い組織は大量生産に向いており、人材マネジメントにおいて画一化された教育や評価は効率的であり、高い生産性を実現するものでした。

しかし、社会環境の変化に伴い日本企業の組織の様相は大きく変わり、「多様性」が出てきました。

　女性活躍は世界の中では周回遅れは否めないものの年々進展しており、女性の社会進出の拡大により共働き家庭が一般化してきています。

　日本人の高齢化も組織のありようを変えてきています。70歳までの雇用機会確保の努力義務が設けられた高年齢者雇用安定法改正の後押しにより、職場におけるシニア社員の比率も増えてきました。

　家庭では介護や育児の問題を抱える人も増えています。介護や育児は夫婦のうちどちらか一方が担うことではなく、双方で支え合わなければならないのが現代です。

　デジタルネイティブで新たな価値観を持つ1990年代半ばから2000年代生まれのＺ世代も日本企業における重要な働き手になりました。Ｚ世代はリーマンショックやコロナ禍といった突発的事態が不況や社会不安の原因となることを知る世代でもあり、企業に対する期待感や執着心が親世代よりも低い傾向にあると言われたりもします。

　このように、**日本企業の働き手はもはや同質性の高い集団ではなく、属性や価値観の異なる多様な集団に変化している**のです。

　こうした時代に企業がEXに取り組むということは、従業員1人ひとりが異なる個性を有することを認識し、それぞれの体験価値を高める活動を行うことに他なりません。

　これは、企業が制度や施策を展開すれば完了するものではなく、受け手である従業員1人ひとりが価値ある体験だと捉えられるように改善と改良を継続していく活動ということです。

　例えば、評価について考えてみましょう。

　これまでの人材マネジメントは、評価基準に沿って適正に評価することが基本的なあり方でした。しかしながら従業員1人ひとりの受け止め方を重視するEXでは、納得がいかない人がいれば、その人が納得できるまでプロセスの透明性や伝え方などを改善と改良をしていき、場合に

よっては評価基準だけでなく、評価制度そのものを変えていくこともあります。

　まさに、組織にとって従業員は「財」であり、従業員ファーストともいうべき価値転換を行っていくことなのです。

◎従業員にとってのEXの意味

　一方、EXが従業員にもたらすものとは、「自己肯定感」です。

　多くの組織では、効率的で効果的に業務を推進し、成果を出すことを目的として組織がつくられています。組織には職務記述書や業務分掌、業務マニュアル、職務権限表などの合理性をもとにしたルールや仕組みが数多くあります。

　また、トップからの方針の遵守や適材適所の人事異動など、個人の意向よりも組織の要請が優先されるのが通例です。

　これまで、組織に所属するということは、組織の合理性を優先し、自身の個性や人間性の抑制を伴うことが暗黙の了解でした。

　EXはこうした組織の合理性を否定するものではありませんが、従業員それぞれの感情や人間性の尊重を重視することに特長があります。つまり、**EXは組織の合理性と個々の人間性の両立を実現しようとする考え方**ということです。

　従業員側から見れば、組織がEXを推進することは「自分の個性や感情を尊重してくれる」ことを実感することになります。自分が組織の歯車の1つのように扱われるのではなく、1人の人間として尊重されていると感じることは自己肯定感を強くします。これにより、「この会社のために尽くそう」という意識が育まれ、従業員エンゲージメントが高まっていくのです。

　EX向上に熱心に取り組む企業ほど、従業員の帰属意識および業績向上意識が促進されることがわかっています。

　このことを裏付けるように、マサチューセッツ工科大学情報システム

研究センターによる『EXとビジネス価値構築の関係調査（Building Business Value with Employee Experience）』では、EX向上への取り組み度合いが高い企業と低い企業では「イノベーション」「顧客満足」「収益性」に顕著な差が出ていることがわかりました。

同調査が示すように、会社がEX向上に取り組むことで従業員は会社の仕事に熱心に取り組むようになり、その結果として業績向上をもたらすようになるのです（図表1-1）。

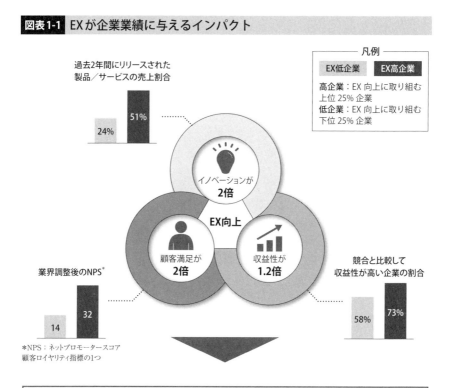

図表1-1　EXが企業業績に与えるインパクト

過去2年間にリリースされた
製品／サービスの売上割合

凡例

EX低企業　EX高企業

高企業：EX向上に取り組む
上位25%企業
低企業：EX向上に取り組む
下位25%企業

24%　51%

イノベーションが
2倍

EX向上

顧客満足が
2倍

収益性が
1.2倍

業界調整後のNPS*

14　32

*NPS：ネットプロモータースコア
顧客ロイヤリティ指標の1つ

競合と比較して
収益性が高い企業の割合

58%　73%

従業員にフォーカスした取り組みを行うことで、
不確実性の高い時代にあっても業績を向上させ、
生き残る可能性が高まる

出所：マサチューセッツ工科大学情報システム研究センターによる『EXとビジネス価値構築の関係調査（Building Business Value with Employee Experience）』

若手従業員ほどEXを求めている

◎働きやすい会社を辞めていく若者たち

　先述したように、いま、企業には幼少期からスマホやタブレット、SNSに慣れ親しんでいるZ世代の新入社員が増えています。

　Z世代をはじめとする若手従業員は、世界の事情を調べるにはインターネットやSNSからリアルタイムで情報検索します。電通と電通総研が2023年に実施した『サステナブル・ライフスタイル意識調査2023』から、Z世代は他の世代よりも人種差別や男女格差などの人道的な社会問題への関心が高く、多様な価値観を受容する傾向があることがわかりました。

　Z世代は、少子化による人口減少世代ということもあり、あまり厳しい競争を経験していません。さらに、「失われた30年」の低成長時代に働く親たちの姿を通して、社会や企業に対してどこか冷めた見方をする、現実主義的な一面を持ち合わせてもいます。

　こうした特性を持つZ世代を含めた若手従業員たちに見られる現象として、「働きやすい会社」を辞めていくことがあります。業務負荷は重くない、職場のサポートは充実、会社自体は嫌いではないなどのホワイトな環境でありながら、「ゆるい職場」に自身の成長に不安を感じて早期退職する若手が増えているそうです。

　リクルートワークス研究所が2022年に従業員規模1000人以上の企業の大卒以上の入社1〜3年目社員を対象に実施した『大手企業における若手育成状況検証調査報告書』によると、「現在の職場を『ゆるい』と感じるか」の質問の回答のうち、「あてはまる」8.4%、「どちらかと言えばあてはまる」28.0%とおよそ4割近くの人が現在の職場を「ゆるい」と認識していることがわかりました。これは新入社員の3人に1人ということです。また、「ゆるい職場」と感じる人の継続勤務意向は最も低

く、約57%の社員が3年以内に退職する意向を示しています。

　これは退職のきっかけが、「不満」から「不安」に移りつつあるからです。

　近年、職場におけるハラスメントや社員のメンタルダウン、過重労働といった職場の問題は内部告発者の保護が制度化されたことなどにより改善が進んでいます。その反動からか、上司がハラスメントの訴えを恐れることで、部下に遠慮する態度も見られるようになりました。

　こうして職場の「不満」は減じたものの、かつての厳しい指導や高い基準へのコミットメントは求められなくなり、「そこそこ」で良いとされる「ゆるい職場」が広がりました。これにより若手従業員は、成長実感や充実感、達成感などが得られにくくなりました。加えて、SNSなどを通じて社外の「やりがいのある会社」を目の当たりにすることで、自分にとって充実した職場や働き方について考えることが日常的になっています。

　若手従業員にとって「不満」がないことはもちろん、「不安」がないことも自分らしく働くうえでの条件の1つになっているということです。

◎若手従業員が会社に望む姿とは

　EXに取り組むということは、従業員1人ひとりに最適化した働く場を提供することでもあります。キャリアアップを望む人には充実した仕事や学びの機会を、職場の人たちとの良き人間関係を求める人には交流の場を、プライベートな時間を求める人には健全な労働時間に配慮するということです。その結果が「自分らしく充実している」職場になります。

　若手従業員に焦点を合わせれば、**会社や仕事に合わせて自分を変えるのではなく、自分に合うように会社や仕事も最適化ができる会社が理想**なのかもしれず、今後この様相は強まっていくものと思われます。

　こうした従業員側のニーズ、特にこれからの社会を担っていく若手従業員にとって、EXは働くことの充実感そして働く場への帰属意識の引

き上げを図るうえで検討すべき施策の1つということです。

海外と日本の現状と今後

◎「大退職時代」対策としての欧米企業のEX

　海外のEX事情について見てみましょう。欧米では多くの先進的企業で多様的なニーズを満たすEX施策が導入されています。

　例えば、GAFAMに代表される欧米のテック企業では、広々として遊び心のあるオフィス、無料の社員食堂やバーカウンター、カジュアルな服装で柔軟なワークスタイル、中には不妊治療のサポートを行うなど、従業員のための快適なオフィスや充実した福利厚生、社員同士でネットワーキングしやすい環境など従業員体験を高める施策が多数提供されています。欧米企業がこれほどまでにEXを重視する背景の1つに雇用の流動性の高さがあります。

　現在、欧米企業の大きな経営課題の1つが「大退職時代（The Great Resignation）」への対応です。大退職時代とは米国で2021年頃から出現してきた、記録的なペースでの自主退職者の増加現象です。同年11月の450万人をピークに、2022年以降も月間400万人を超える高水準で推移してきています。

　PwCが2022年3月に44の国と地域において就業中または休職中の約5万2000人を対象として行った『グローバル従業員意識/職場環境調査「希望と不安（Global Workforce Hopes and Fears Survey）」』でも、従業員の5人に1人は今後12カ月以内に転職する可能性が高いと報告しています。

　大退職時代の真因は労働環境の変化だといわれます。新型コロナウイルスのパンデミックによりテレワークが普及したことで従業員の働き方の選択肢が増えた一方で、急変した働き方からくる不安、さらには仕事時間の調整がうまくできずに燃え尽き症候群（バーンアウト）といった課

題も噴出し、いま以上に自分らしくストレスなく働ける場を望む人が急増したことによると考えられます。

　こうした中で米国の景気自体は堅調を維持していたことで、労働者の転職意向の強まりと相まって業績好調企業の人材不足が深刻化し、人材争奪戦が過熱し出したのです。売り手市場の労働市場には魅力的な報酬や働き方の求人が急増し、労働者は自分にとってより良い企業を求めて、「大退職時代」が始まったわけです。

　この状況下で企業側が従業員の引き留めと確保を図るには報酬はもちろんのこと、それと同等に働き方や人間関係、ライフサポートなどを充実させて会社へのロイヤリティを高めてもらうことが必須であり、それがEXの拡充へとつながりました。

◎転職への抵抗感が残る日本企業の今後の問題

　欧米とは異なり、雇用の流動性が低い日本では「大退職時代」の気配はありません。総務省の労働力調査を見ても、転職者数自体は横ばいが続いています（図表1-2上）。これは、日本では求人に対する需要自体があまり高まっていないことが影響しているものと思われます。

　日本企業の雇用制度の特徴として、新卒一括採用のメンバーシップ型雇用により、安定的に従業員を確保するためのシステムが出来上がっていることがあげられます。一部の企業でジョブ型人事制度が導入され始めているとはいえ、大半の企業の人事政策は新卒採用と内部充当を原則としています。人材不足を社内人材で補充するのが日本企業の特性でもあり、これにより中途市場が大々的に活性化するということが起きにくいというのが日本の労働市場の実態です。

　ただし、日本においても転職希望者の増加傾向は確実に進んでいます。転職市場における企業側のニーズは必ずしも高いとはいえないものの労働者側の転職意欲は高まっている、つまり需要に比べて供給は増えているということです（図表1-2下）。

　こうした状況では競争率は必然的に高くなるため、ハイエンドな人材

や熱量の高い人材が転職に成功する一方、不満を燻ぶらせた転職予備軍が会社に留まることになります。

　このように見ると、日本で海外ほどEXが進まないのは「転職」への抵抗感が払拭されないことがあるといえるのではないでしょうか。その結果、潜在的な不満層や不活性社員が増えていくことは今後の経営課題としてクローズアップされてくることになるでしょう。

図表1-2 日本企業の転職動向

転職者数の推移

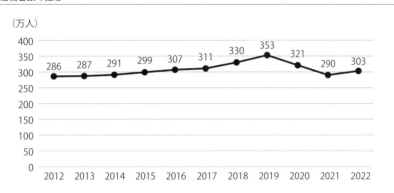

転職希望者数の推移

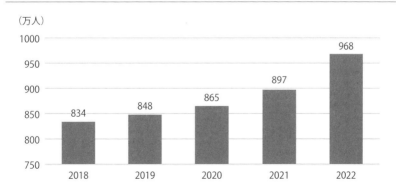

出所：総務省「労働力調査」2022年

◎言いたいことが言いにくい日本の職場

　また、日本企業の従業員が不満を募らせる原因として、日本社会の同調圧力の強さが関係していると思われます。日本の会社組織では社命に従うことが暗黙の了解であり、辞令1つで転勤に応じたり、上からの命令があれば無理な受注を取ってこざるを得なかったりといった、「言いたいことを言えない空気」があります。

　このことに関して、リクルートワークス研究所が2019〜2020年に行った社内の人間関係や会社との関係を訊いた『5カ国リレーション調査』が興味深い結果を示しています。

　日本・アメリカ・フランス・デンマーク・中国で働く約2500人を対象にしたこの調査では、転職者の「入社時の賃金交渉」についての設問があります。「自分から希望を伝え、それがかなった」人が日本は9.2%に対して他国はデンマーク19.4%〜米国31.9%、逆に「会社から提示された額で合意した」が日本は62.0%に対し、他国は中国11.0%〜米国28.0%と大きなギャップがあります。

　自分の希望する報酬を伝えることすら憚られる日本では、報酬以外の労働条件も会社側の要望に従うことがこれまでの慣習であることを、この調査が如実に裏付けています。

　従業員の活性化には不満の解消は必然です。それには何に対して不満を抱いているのか、組織の中に埋没させられている「声なき声」を丁寧に拾い集めていくことが大切ですが、その「声なき声」に耳を傾けて改善していく活動がEXです。

■ 選ばれる企業の条件になるEX

◎働く人のさまざまな価値観の違いが考慮できるか

　近年、企業と従業員の関係は変わりつつあります。従来の日本では企

業が社員を抱えるという、「親子」のような縦の関係性が一般的でした。

　それがジョブ型人事制度を導入する企業が増え、その関係性に微妙な変化が生じてきました。ジョブ型人事制度とは職務基準の人事制度のことであり、職務記述書による職責の明確化や職務価値に応じた社員格付け、職責に見合った評価・報酬などが特徴にあげられる人事制度です。企業と従業員は仕事を媒介にして、市場取引を行うような関係性です。従業員は企業から仕事（職務）を請け負い、企業は仕事（職務）に見合った報酬を支払う。つまり、「ビジネスパートナー」のような横の関係性にシフトしはじめているということです。

　担い手である従業員自体にも大きな変化が起きており、さまざまな価値観によって企業を選ぶようになりました。エン・ジャパンが2022～2023年に実施した『新型コロナ後の企業選びの軸』に関する調査レポートによると、新型コロナウイルスを経験し、企業選びの軸が変わった人が約3割いることがわかりました。そして企業選びの軸が変わった人が重視する条件のトップ3は「希望の働き方（テレワーク・副業など）ができるか」「希望の条件（勤務時間・休日休暇など）があるか」「業績が好調か」でした。

　この調査結果から読み取れるのは、**「自分らしく働けること」を重視している人が増えているという事実**です。

　また、働くうえで避けようのない事情を抱える人も増えています。共働きで子育てしている人、家族に介護者がいる人、自分や家族が医療的ケアにある人のほか、不登校児童や生徒がいる働き手も増えています。

　文部科学省『令和4年度　児童生徒の問題行動・不登校等生活指導上の諸課題による調査』によると、小・中学校における不登校児童生徒数は約29万人、在籍児童生徒に占める不登校児童生徒の割合は3.2%であり、30人のクラスで例えると1人の割合です。こうした事情にある人の働き方は出社とテレワークを組み合わせる選択ができることが大きな条件になります。

◎従業員が会社を選ぶ時代への備えができているか

　少子高齢化の進展は、すなわち「ヒト」という経営資源の希少性を従来以上に考えなければならないということです。実際に、過酷な労働環境といわれる業界や将来的な展望が見えにくい業界では人手確保の問題が深刻化しています。帝国データバンクによれば、「人手不足倒産」が2023年上半期では100件超と、2013年の集計開始以来過去最多件数を更新したとのことです。

　人材がこれまで以上に貴重になるということは売り手市場になるということ、つまり、これまでの**「会社が従業員を選ぶ」から「従業員が会社を選ぶ」時代が本格的に到来する**ということです。

　選ばれる会社になるには、従業員が仕事そのものに喜びや意義を見出せるようにし、そのことで会社への帰属意識を高めるようにするための経験価値の工夫が重要です。それが、EXです。

　今後の日本は、会社の知名度や高い報酬だけでは従業員を惹きつけることは困難です。従業員が会社に所属することで体験するあらゆる瞬間がポジティブになるよう、さまざまな取り組みを行い、それをブラッシュアップしていくことで、1人ひとりの従業員の意向や感情、ライフスタイルを尊重することが日本企業には求められていきます。そして、従業員を大切にするという姿勢を示し、従業員エンゲージメントを高めていき、この会社を選んでよかったという気持ちを醸成していきます。

　「人材」の時代の様相が強まるこれからの日本企業は、その会社にとって優秀な人材をいかに惹きつけ、いかに活躍してもらうようにするかが収益性と成長性を格段に向上させていくうえで極めて重要な経営課題です。そのカギを握るのがEXです。

　本格的にEXに取り組むかどうか、それが企業の未来を大きく左右することになるのです。

第 **2** 章

EX向上を成功させる
6つの領域

「従業員目線」での領域の整理

◎「マネジメント目線」ではなく「従業員目線」

　EXの向上に取り組もうとする際、どのような領域・テーマから手をつけるべきでしょうか。採用、配置、育成……などを思い浮べるのは人事担当者であれば当然の発想ですが、それでは会社や組織からの「マネジメント目線」になってしまい、EXで重視すべき「従業員目線」の体験から軌道が逸れてしまいます。従業員が求めているワクワクする快適な体験を提供するためには、これまで人事の領域で使われてきたフレームではなく、従業員目線に立った新しいフレームが必要になります。

　そこでPwCコンサルティングでは、EXの取り組み領域を従業員目線から6つに整理しています。図表2-1の左側は入社から退職までをプロセスで整理した要素、右側は社会人としての時間を整理した要素になります。

図表2-1 EXの6領域

リクルーティング／オンボーディング領域
・企業風土の情報開示の透明性
・選考における自由度
・入社時不安の即時解消
・オンボーディングプロセス設計

ネットワーキング領域
・ネットワーキングの多様性
・ネットワーキングの自由度
・退職者(アルムナイ)ネットワーキング

キャリア・
スキルディベロップメント領域
・キャリア選択の自由度
・自己啓発の自由度・拡大性
・リアルタイムフィードバック
・社内外での視野拡大機会

エンプロイー
エクスペリエンス

ワークスタイル／
ワークプレイス領域
・働く時間の自由度
・働く場所の自由度
・生産性向上のための仕組み

リワード／リコグニション領域
・報酬オプションの多様性
・給与体系の自由度
・リワードの透明性
・賞賛し合える風土

ウェルビーイング領域
・健康維持に向けた支援
・ライフステージに対応した支援

　ビジネスパーソンは会社と出会い（リクルーティング／オンボーディング）、キャリアを重ねながら成長し（キャリア・スキルディベロップメント）、同僚などから組織やチームへの貢献を認めてもらい賞賛される（リワード／リコグニション）という流れで時間を過ごします。

　また、時間は、社内外で人とつながり合う時間（ネットワーキング）、仕事をする時間（ワークスタイル／ワークプレイス）、プライベートの時間（ウェルビーイング）にも分けられます。

EXを高めるためのポイント

◎「透明性」「即時性」「個別性」「合理性」

　EXを高めるためには個々人の志向性（仕事や会社に期待していること）に合わせて、日々の活動の中で実感できる仕組みや仕掛けを考えることが大前提です。そして、それら仕組みや仕掛けの効果を高めるためには多くの人に共通するEXを充足させるポイントを押さえることが有効です。このことで参考になるのがCXの考え方です。第1章でも述べましたが、CXとはある商品やサービスを利用する際に顧客が体験するすべてのことを指す概念で、高いCXを提供することが購買行動につながることが明らかになっています。企業はCXに関する施策を多く実施しているため、今日、私たちはサービスの受け手（消費者）として非常に高い体験を得ることができるようになっています。

　これまでは会社と私生活は別であり、会社の中では多少不便なことであっても耐えるべきだと考えられてきました。しかし、時代も変わり、従業員は自分が普段消費者として受けているサービスと同じようなクオリティの体験を会社の中においても求めるようになっています。働くワクワク感を得るためには顧客に提供している体験と同じかそれ以上が求められるということです。

　私たちが普段顧客として得ている体験と同じような体験を提供すると

いう観点からEXを高めるためのポイントを整理すると、次の4点に集約できると考えられます。

[EXを高めるための4要素]
　　①透明性：ルールやプロセスが公開されている
　　②即時性：求めるものがリアルタイムに提供される
　　③個別性：自分自身の状況・志向性にパーソナライズされている
　　④合理性：無駄なことがない

　CXの場合、世界中どこにいてもスマートフォンによって商品を購入することができますし（即時性、合理性）、ショッピングサイトはこれまでの閲覧・購入履歴をもとに自分のニーズや嗜好にマッチした商品を推奨するメッセージを送ってくれます（個別性）。
　また、旅行で体験したことを共有したければ、ボタン1つで友人と画像を共有できるし、コメントなどリアクションも返ってきたり（即時性）、配達サービスにおいては、スタッフの場所がリアルタイムで表示されます（透明性、即時性）。
　これを会社に当てはめると、自分の目指すキャリアを実現する（目指す部署やポジションに到達する）ために必要なことや決定方法はブラックボックスではなく公開されていてほしい（透明性）。業務を遂行するうえで得たい情報（社内ルール、専門知識、過去事例、自分のパフォーマンスに対するフィードバック等）をすぐに得たい（即時性）。全社一律のプログラムやメッセージではなく、自分の状況（志向性、キャリア等）にあった情報やコンテンツ（研修プログラム等）を提供してほしい（個別性）。
　また、無駄なことや理由を明確に説明できないようなプロセスがなく、仕事に集中できる（合理性）ということもEXを高めるための重要な要素になります。
　こうした要素を念頭に、以下より6つの領域においてEX向上に取り組むためのポイントを具体的に紹介していきます。

領域1

リクルーティング／オンボーディング
──選ばれる企業になる・組織への適応を支援する

◎「会社が従業員を選ぶ」から「従業員が会社を選ぶ」

　第1章で説明したとおり、人材不足に伴う人材獲得競争の激化により「会社が従業員を選ぶ」から「従業員が会社を選ぶ」へと変化しています。この状況下では、これまでの「会社が従業員を選ぶ」ことを前提とした人材採用では母集団の形成方法や選考手法など「いかに選ぶか」という観点に終始することになり、優秀な人材を奪い合う就職市場では希望する人材を希望人数獲得することは困難になっていくと思われます。

　だからこそ、これまでとは次元の違う方法で働き手から選ばれる会社にならなければなりません。働き手に選ばれる会社──。それには次の3点に注力することだとPwCコンサルティングでは推奨しています。

①EVP（従業員への価値提案）	ターゲットとする人材が求める価値を提供し、それをアピールする
②応募者エクスペリエンスの向上	選考プロセスにおいて良い体験を提供する
③オンボーディング支援	新入社員（新卒および中途）が組織に馴染み、活躍することを支援する

◎EVP（従業員への価値提案）

　自社がターゲットとする優秀な人材が応募してくれるためには、働き手が求めている価値を提供できる魅力的な会社であるとアピールする必要があります。これは、「**EVP**（Employee Value Proposition）」と呼ばれる概念で、

　①自社がターゲットとする人材が望むこと

②自社が提供可能なこと

③他社がアピールできていないこと（自社のアピール内容が他社よりも魅力的なものになること）

の3つの条件を満たす要素を採用メッセージとして選択するものです。

EVPの検討で候補になる要素は、報酬や会社のブランドだけに限定されるものではありません。

仕事そのものの魅力、入社した後のキャリアの広がり、同僚やチームなどの要素から自社が提供できて他社と差別化できるものを探して提示することで優秀な人材を自社に惹きつけ、応募につなげるのです。

［EVPの要素（例）］

- 報酬……競合企業よりも高い報酬水準、福利厚生
- 仕事・キャリア……やりがいのある仕事、入社後のキャリアパス
- 育成……豊富な研修プログラム
- 労働環境……リモートワーク環境、オフィスの場所
- チーム……優秀な同僚・上司、協力し合う組織風土
- 企業ブランド……知名度の高さ、ブランドイメージ

◎応募者エクスペリエンスの向上

たとえ良い人材が応募してくれて内定を出したとしても、自社を選んで入社してくれるとは限りません。米国の事例になりますが、PwCによる2019年の調査『Future of Recruiting survey』によれば、転職活動をしたことがある人の半数が選考プロセスにおける「悪い体験」を理由に内定を辞退したことがあると答えています。面接などの選考において応募者に「良い体験（応募者エクスペリエンス）」を提供することも優秀人材獲得のためには必須の要件といえます。

さらに、応募者エクスペリエンスを高めることの効果は候補者の入社成否だけにとどまりません。候補者全員が「（合否にかかわらず）この会社を受けてよかった」と感じることによって、会社のファンになり、

知人に応募を勧めてくれることまでも期待することができるのです。スタートアップ企業を中心に広がる「採用ピッチ資料」と呼ばれる、応募者に向けた会社説明資料を公開する動きはこの取り組みの一例です。

　そこでは自社の組織風土や人事制度、等級別の報酬水準が説明されており（さらには自社の抱える課題や過去に撤退した事業に関する説明などを公開する企業まである）、自社の状況を率直に透明性高く伝えることを通じて、応募者のミスマッチ解消などに寄与しています。

　加えて、選考スピードを上げる取り組みや選考プロセスの透明度向上に向けた取り組み（選考プロセスや選考基準の公開）なども有効な施策です。応募者へのアンケートを通じて選考活動のフィードバックをもらい、プロセス改善に活かす企業もあります。

図表2-2 採用ピッチ資料の構成例

1. 会社・事業紹介
2. Mission/Vision/Value
3. 組織文化
4. 要員構成（年齢別、職種別人員数）
5. 人事制度
    ① 等級制度とキャリアパス
    ② 報酬制度（等級別報酬水準や昇給実績を開示する企業もある）
    ③ 評価制度
6. 福利厚生
7. 職場環境・働き方
8. 選考プロセス
9. 候補者の方へのメッセージ

◎オンボーディング支援

　魅力的なEVPや応募者エクスペリエンスによって優秀な人材が入社したとしても、それだけですぐに活躍できるようになるわけではありません。たとえ優秀で経験豊富な人であっても組織に馴染めなければ実力を発揮できないばかりか、最悪の場合、退職することになりかねません。

　これまでの日本企業の採用活動は伝統的に新卒が中心であり、会社に馴染むまでの時間や馴染めずに退職してしまうリスクは少なからずあると認識されてきたため、仮に早期に退職者が出ても大きな問題にはされてきませんでした。

　しかしながら、経験者を採用して早期に戦力化することが求められる中途採用が増加するなかでは、優秀人材の獲得と同じくらい組織に適応することを支援する「**オンボーディング**」が重要になっています。

　オンボーディングとは元々「飛行機や船に乗っていること」を意味する「on-board」に由来する言葉で、転じて新入社員が組織に馴染むことの意味で使われるようになりました。また、経営学においては「組織社会化」（新規参入者が組織の外部者から内部者へと移行をしていく過程）と定義されており、自分と組織がフィットしていることがエンゲージメント向上に結びつくと理解されています。

　そして新入社員に対するオンボーディングには、次の4つの要素が満たされている必要があるとされています。

［オンボーディングに必要な要素］
　①入社を歓迎する
　②期待されている役割を確認する
　③組織のルールを知る
　④人とつながる

　入社前後の新入社員は希望と同じくらい不安を抱えているものです。不安を一刻でも早く解消して前向きに仕事に取り組んでもらうために歓

迎の意を示すことがオンボーディングの第一歩です。例えば、入社前に部署のメンバーからの歓迎メッセージや会社のグッズを送ることなどによって組織の一員となったことを祝福するなどです。

そして、入社したらできるだけ早く上司との間で期待されている役割を確認します。ここで重要なことは、「はじめから過度な期待をかけない」ことです。特に経験者として入社する人には、できるだけ早くパフォーマンスを発揮してもらうことが期待されがちです。

しかしながら、その姿勢が本人に過度なプレッシャーをかけることになり、そこから「能力がないと思われたくない」との心理が強く働き、上司や同僚に質問がしにくくなってしまったりすることもあります。

そこで、入社して数カ月は組織に馴染むための期間と捉え、明確なミッションを与えずに、組織や同僚を理解する時間とすることなどを検討します。

多くの場合、ビジネスパーソンはマニュアルなどに明文化されたルールだけでなく、文書化されていないルールも意識しながら仕事を進めているのが通例ではないでしょうか。長年、同じ組織にいると意識することは少ないですが、例えば上位者への確認の仕方や頻度、他部署とのコミュニケーション方法などが代表的でしょう。

これらを理解しないまま業務を進めてもうまく進まず、期待外れという評価になってしまう危険性すらあります。そこでこうした文章化の難しいルールは、その存在を説明してくれる同僚を支援者として付かせることが有効です。

このように組織に馴染むようにする施策がオンボーディングの本義ですが、それには人間関係の疎外感をなくす配慮も必要です。この課題について中途入社者にとって難しいのは、組織の中に醸成されているインフォーマルネットワークの把握やそこへの参加です。この課題に対処するには、例えばオンボーディングの支援者が同僚とのランチに誘うなど意図的にインフォーマルネットワークに参加する場を作ることなどがあります。

キャリア・スキルディベロップメント
——成長への手厚い投資

◎「多様性」の中で企業が考えるべきこと

　VUCA（Volatility：変動性、Uncertainty：不確実性、Complexity：複雑性、Ambiguity：曖昧性の単語の頭文字）という軍事用語がビジネスの世界でも多く使われるようになった現在、ビジネスを取り巻く環境変化の目まぐるしさの中でいかに生き残るかが、あらゆる企業および従業員の共通課題になってきています。そうした中で日本の経営者の多くは、今後の収益に最も影響を及ぼすのが「労働力／スキルの不足」だと考えています（出所：PwC『第26回世界CEO意識調査』2023年）。従業員側も自分の仕事に必要なスキルが大きく変化すると捉えており（出所：PwC『グローバル従業員意識／職場環境調査「希望と不安（Global Workforce Hopes and Fears Survey）」』2022年）キャリア形成や仕事に必要なスキルを学ばなければこれからは生き残れないとの意識が強まっています。

　こうした状況下では、従業員のキャリア構築やそのためのスキルアップにはキャリア志向性の多様化や価値観の変化に目を向けなくてはなりません。性別・年代・職種などが同じであっても現在の環境の中でキャリアアップを図ったり、または専門性を磨いて他社に活躍する場を求めたりと、キャリアのゴールは人それぞれであり、一律ではありません。
　そのため、これまでの「新任管理者研修」や「入社5年目研修」のような階層別や年齢別での一律で一斉に実施する研修だけでは従業員のニーズを満たすことができなくなってきています。
　加えて、キャリアに透明性を求める声にも着目しなければなりません。「配属ガチャ」という言葉をご存知でしょうか。これは、何が出てくるかわからないカプセル入り玩具のガチャガチャになぞらえ、どこに配属

されるかわからないことを揶揄した言葉です。

この言葉に代表されるように、日本企業の選抜・異動・配置はもっぱら会社主導です。しかも、なぜ昇進するのか、異動先の部門はどのような理由で決定されるのかといったロジックもブラックボックスの中です。

多くの従業員はそのようなキャリア形成に不条理さを感じるようになり、自分のキャリアを自分で決めることや決定プロセスの透明性を求めるようになってきました。今後、この様相はさらに強まっていくものと思われます。

そうした風潮の中では、これまでしきりに唱えられてきた「とにかく仕事に集中しなさい」「無駄だと思うことや好きではないことでも全力で取り組めば報われる」という会社そして上司からの叱咤激励は意味をなさなくなります。

◎これから必要になる3つのポイント

その代わりに、今後、従業員のキャリア形成やスキルアップに資すると考えられているのが次の3つです。

①（自分が）目指すゴールとそのギャップの可視化
②そのギャップを埋める方法（経験と学習）の提供と自由な選択
③頻繁なフィードバックと成長支援

自分自身が目指すキャリアのゴールを明確にするために、業務内容や役割（ポジション）、知識・能力・経験など、求められる要件がオープンになっていることがこれから一層重視されるようになります。それによって従業員は、自らの志向性や能力に合った、適合度の高い仕事が探せたり、求められる要件とのギャップを確認したりすることが容易にできるからであり、成長に向けた計画も立てやすくなるからです。

また、ゴールとの間にあるギャップを解消するには、企業側はそのために必要な手段を十分に準備し、従業員側はそこから自分に合ったもの

を選べるようにすることです。その際のギャップ解消方法には「経験することでしか身につかないもの」と「学習によって身につくもの」の2つがあり、その提供手段には「経験」は社内公募の制度化などにより従業員が業務を自ら選択できるようにすることや、「学習」は幅広いコンテンツを用意し、時間や場所に制約されることなく学習できる環境の整備などが考えられます。

さらに、「学習」においては幅広いコンテンツの用意だけにとどまらず、従業員1人ひとりの関心やスキルレベルに応じてレコメンドしてくれる研修プラットフォームや、成長レベルに合わせて、社内プロジェクトや研修プログラム、メンターが一覧で表示された中から自由に選択できる「オポチュニティマーケットプレイス（Opportunity Marketplace）」というツールの活用も検討材料の1つです。

こうした機会やツールを活用するとともに、上司だけではなくメンバーもコーチやカウンセラーの一端を担いながらメンバー同士が成長支援する仕組みも重要になります。

また、組織内で1on1が導入されていたとしても、メンバー育成を直属の上司だけに任せないことも重要です。人材育成を経営戦略として重視する会社の中には、メンバーそれぞれの個人別育成計画に必要な支援を関連部署の管理職が集まって全員で議論するようなことも行われています。

このように、キャリア・スキルディベロップメントではその組織特性に応じて適切な仕組みを構築し、それに基づいて相当な時間と労力を要しながら管理職全員で成長支援に携わることが極めて大事になります。

リワード／リコグニション
——公平・公正な処遇と承認

◎ **リワード**

　人には潜在的に「自分に価値があると他者から認められたい」という承認欲求があります。ビジネスにおいては、自分の価値や貢献が会社や周囲から認められると感じられることで組織に対する愛着がわき、そこから貢献意欲や仕事に対するモチベーションが高まるものです。

　他者からの承認が働く意欲を高めることはみなさんも日々の仕事の中で実感されていることだと思いますが、それには「会社や上司からの評価と報酬」のほかに、「同僚からの承認と賞賛」もあります。

　「会社や上司からの評価と報酬」は、エンゲージメントを高めるためには重要です。

　近年、報酬の高さを求めるのと同時に、報酬額の決定基準や決定方法の透明性が求められています。その背景には、従来はなかなか知ることができなかった競合企業の報酬額が転職サイトのクチコミ情報で具体的にわかるようになったことがあります。会社ごとに役職・階層別の年収水準や賞与の変動幅などがオープンになっていることで、自分の報酬額との比較が容易になりました。

　これにより、自社に対して「なぜその報酬（昇給額、賞与額）になったのか」の説明を求める従業員が増えたのです。

　こうしたこともあり、個人別の業績目標や人事評価結果の公開により透明性を高める取り組みを行う企業も出てきています。人事評価結果の公開は管理職（評価者）に対して公正で説明可能な評価を行う動機づけとして機能し、結果として評価能力向上にもつながることが指摘されています。

中にはより踏み込んで、社員全員の報酬額を公開する企業もあります。

また、透明性とは別の観点で報酬支払いの方法やサイクルに柔軟性がないことへの不満も出てきています。そうした要請に応えて、海外企業では支払いの手段（現金、福利厚生プログラム等）やサイクルを選択できる制度を設けた企業が登場しています。

◎ リコグニション

そして、リコグニションもEXでは重要な要件に位置付けられています。リコグニションとは「認知」や「承認」という意味であり、ビジネスでは同僚などから賞賛され、（基本的に金銭以外で）報いられることです。

「人はパンのみにて生くるにあらず」という言葉のとおり、**リコグニションは金銭的報酬や会社や上司からの賞賛と同等もしくはそれ以上に重要だと考えられている、EXにおける重要なキーワードの1つです。**

リコグニションに注目が集まっている理由には2つあります。

1つは、従業員の価値観の多様化です。従来、働く人の多くは金銭的な報酬を動機づけの要素としていました。しかしながら、現在では金銭的な報酬だけでは満足せず、自分の頑張りや貢献を周囲から認めてもらうことや褒めてもらうことがエンゲージメント向上の要因とする人が増えてきています。

米国の2022年の調査事例ですが、65%が経営層や上司から自分の貢献が認められている場合には仕事に対するモチベーションが高まると回答しています。仮に上司から評価されていなかったとしても同僚が自分の働きを認めてくれているのであれば現在の仕事を続けるという人も65%にのぼっています。

（出所：Survey Says: Appreciation Matters More Than You Think；
https://bonusly.com/post/employee-appreciation-survey）

もう1つは、エンゲージメント向上に対する「コストパフォーマンス」の高さです。昇給などの金銭的な報酬は支払われた時点では喜びが

得られて仕事に対する意欲が高まりますが、しばらくするとその給与水準が「当たり前」と感じられるようになり、意欲の維持のためにさらなる昇給が必要となります。限りある人件費からのさらなる昇給には限界があります。

　対して、同僚からの賞賛には限りがありません。しかも、その都度賞賛の内容が違うので、刺激に慣れにくい特質があります。これも米国の事例ですが、表彰制度は昇給の5%の原資であってもエンゲージメント向上に2倍の効果を発揮することが指摘されています。

（出所：ショーン・エイカー「なぜ、従業員の給料を上げても仕事への意欲が長続きしないのか」DIAMONDハーバード・ビジネス・レビュー、2016.05.09）

　また、日本のSaaS企業Unipos（ユニポス）が2018年10月に国内の男女ビジネスパーソン2064名を対象に実施した『感謝と仕事に関する調査』でも、感謝を言われる頻度が高い人の73.8%が目標達成していること（頻度が低い人に比べて18.5ポイント高い）も明らかになっています。

　リコグニションが組織内に浸透していくと「同僚を賞賛し合う空気」が醸成され、自然な形でエンゲージメントを高め合う組織文化につながっていくのです。

　では、リコグニションを組織内に広げるにはどうするかですが、同僚同士で感謝の気持ちを記した「ありがとうカード」や少額のお金や金券などを贈り合うピアボーナスなどの施策などは簡単に始められます。ピアボーナスとは「peer（仲間・同僚）」と「bonus（報酬）」を組み合わせた言葉で、仕事の成果ではなく、自分の業務範囲を超えたチーム支援などの行動に対しての賞賛を報酬で示すことです。

　以上のように、報酬の透明性を高めることで処遇への納得感を高めるようにするだけではなく、同僚同士の賞賛にも目を向け、会社や上司はもちろん、組織全体でお互いの貢献を称え合うことによって、EXは高まっていきます。

ネットワーキング
――社員同士の交流による組織への適応・アイデア創出

◎社内の人たちとのネットワーキング

　当然ながら、ビジネスは人との関係性の上に成り立つものです。そこで、「人とのつながり」はEXにおける最重要テーマと言っても過言ではありません。ここでは、ネットワーキングの取り組みのヒントを目的別に確認していきます。

　まず1つめは、**「同じタイプの人たちと出会う」ためのネットワーキング**です。自分の属性・経歴・志向性などと似ている同僚との出会いと交流によって組織への帰属意識が持てるようになり、悩み相談などを通じて組織の中の自分の居場所を見つけられるようになると、徐々にEXの実感を募らせていきます。

　外資系企業の中には、同じ属性（性別・性差、民族、宗教等）を持つ従業員グループ（ERGs：Employee Resource Groups）を作って交流を促すことが行われており、これは同じ人たちと出会うネットワーキングの一例です。

　そして2つめは、**「違うタイプの人たちと出会う」ためのネットワーキング**です。これには、「意図的な出会い」と「意図しない出会い」の2つがあります。

　普段の仕事の中で、自分の業務に役立つ知識やスキルを持つ人と出会いたいと思うことはあるのではないでしょうか。例えば営業の場合、同じような提案をした経験がある人や業界のカリスマ的な人と懇意にできれば、そこからヒントを得て、顧客価値をもっと高めるアイデアが創出できるというようなことです。

　これは**「トランザクティブ・メモリー」**という近年注目を集めている概念で、組織の学習効果や成果を向上させるうえでは「同じ知識を組織内の全員が持っていること」ではなく、「組織内の誰が何を知っている

かを共有していること」が大事だとする考え方です。この考えに基づいて、従業員1人ひとりに自身が保有する知識や経験、スキルのタグを付けて、自分が得たい知見を持っている人を探しやすい仕組みを整備する会社や支援するツールが増えています。

　ただ、こうした仕組みの導入だけでは「出会いたい人と出会う」だけにとどまりかねず、想像を超えた価値やアイデアはなかなか生み出せません。革新的なアイデアというものは、ニュートンがリンゴの落ちるのを見て万有引力の法則を発見したように、「偶然」や「予想外の発見」がきっかけであることが多いものです。いわゆる、思いもよらなかった偶然を表す「セレンディピティ」です。

　セレンディピティは「思いもよらない」ことではありますが、これを意図的に生み出す仕掛けに取り組む事例が多数報告されています。よく行われているのが、座席のフリーアドレスです。他部署の人との会話を意図的に促す施策として多くのオフィスで導入されています。また、多くの人が使うコピー機の近くに休憩スペースを設置して自然な会話が生まれるようにするコミュニケーション向上策もその1つです。従業員同士をランダムにマッチングさせて、ランチやコーヒーミーティングをするためのツールも登場しています。

◎社外の人材とのネットワーキング

　ここまで社内のネットワーキングについて言及してきましたが、社外の人材との交流にもその可能性はあります。例えば、自社を退職した**「コーポレート・アルムナイ」**の活用が近年増加傾向にあります。アルムナイとは「卒業生」という意味ですが、退職者を人的資本の一部と捉える考え方です。

　近年では日系大企業のあいだにも退職者が参加できるSNSを用意して退職者同士や退職者と企業とのコミュニケーションのための環境を整備することや、先進企業では社内研修の講師としてアルムナイが登壇することや起業したアルムナイとの間でのビジネス連携などにも活用し、

ビジネスの成果を生んでいます。

　以上のように、ネットワーキングは意図的に仕掛けていくことが成功
の条件です。職場の多様性やリモートワークがさらに広がっていくと、
ネットワーキングはその重要性をより増していきます。

　よって、仕掛けや仕組みを導入しても成り行き任せにしているとそれ
らは自然に衰微していき、結果としてEXの体験が弱まっていく可能性
もあります。

　そうならないためには、組織やリーダーは意識して計画的にネット
ワーキングをブラッシュアップしていく活動が必要です。

領域 5

ワークスタイル／ワークプレイス（働き方・場所）
―― 柔軟で選択可能な働き方

◎ これからの働き方のカギを握る 3 つのこと

　新型コロナウイルス感染症のパンデミックによる在宅勤務の広がりを
きっかけに、オンラインで働くことが普通になりました。感染者数の減
少に伴ってリモートワークの比率は小さくなりつつありますが、PwC
の 2022 年 3 月実施の『グローバル従業員意識／職場環境調査「希望と
不安（Global Workforce Hopes and Fears Survey）」』では、日本において、リ
モートワークが可能な人のうち、従来の通勤や職場環境に戻りたいと考
えている人は 11% と少なく、66% の人が対面勤務とリモートワークの
ハイブリッド型を好むと回答しています。

　リモートワークには賛否はありますが、育児や介護などで働く時間に
制約があっても成果を出しやすくなったり、通勤からの解放によりスト
レスの軽減や睡眠時間が十分に取れるようになったりと、その恩恵を受
けている人が多いのは事実です。

　こうした働く人たちの意向を踏まえると、対面とオンラインのハイブ
リッド型による働き方や働く場所の見直しを進めることはもはや避けら
れません。

　その前提で従業員目線に立つと、次の 3 点に注力することが重要に
なってきます。

　①柔軟性：働き方や働く場所に柔軟性があり、自分自身で選択できる
　　　　　　こと
　②生産性：快適に仕事ができる環境が用意されていること
　③納得性：働き方や働く場所のルールに納得感があること
　　　　　　（押しつけではない、理由が示されている）

育児や介護など個人が抱える制約はさまざまです。また、ライフステージの移行によって生活の優先順位や理想とする働き方も変化します。

　それまで企業内でのキャリアアップを目指して私生活をある程度犠牲にしながら仕事に邁進してきた人であっても、ある日突然家族の介護などによってフルタイムでの勤務や出社が困難になったり、出産や疾病などによってプライベートを優先しなければならないことで残業を避けるようになったりすることはよくあることです。働く人にそのような状況があるにもかかわらず、フルタイムの対面勤務を一律に適用してしまったら、モチベーションの低下や転職の引き金になり得ます。

　そうした事態に陥らないために、そして従業員1人ひとりさまざまな事情や制約を抱えていることを鑑みて、働き方や働く場所の選択肢を増やしていくことはこれからの企業の生産性に大きく影響していきます。

　そこでEXに先進的な企業が取り組み始めているのが、**ABW（Activity Based Working）型のワークスタイル**です。これは、従業員が自分の業務に合わせて働く時間や場所を自律的に選択できる働き方です。自宅とオフィス以外でも働くことができる自由度の高い働き方によりストレスを極度に減らし、生産性を上げていく試みともいえます。

◎生産性とのバランスの問題

　ここで注意しなければならないのが、生産性の問題です。リモートワークのためのミーティングツールなどの仕組みは十分に整備したものの、これまでと同等もしくはこれまで以上の生産性が発揮できるかの観点を含むことがとても重要であり、ここが抜け落ちていては本末転倒です。従業員に快適に仕事をしてもらうことの本義は生産性を上げながら人も会社も成長していくことにあるからです。

　それには例えば、重要な情報はオフィス内では共有されるがリモート勤務者には伝わらないことがあるなどの情報格差が生じないよう、ハイブリッドワークにおける仕事の進め方を定義して共有することなどが必要です。

［ハイブリッドワークにおける留意点］

- マネジメント…上司の仕事・タスクの与え方、進捗管理の頻度・方法など
- コラボレーション…ミーティングの進め方、情報共有のあり方など
- コミュニケーション…メールやチャット等コミュニケーションツールの使い分けなど

　なお、ハイブリッド型に慣れ親しんだ人に出社での勤務を要請する場合、そのコミュニケーションの取り方に注意が必要です。「対面が望ましい」「以前は出社だった」とただ伝えるだけでは渋々従うだけで、モチベーションの低下は否めません。

　この場合、対面勤務は出社する人にとってどのようなメリットがあるのか、どのような理由から出社を要請しているのか（出社することの従業員側のメリット）をきちんと説明し、納得感を得られるようにすることは必須です。

ウェルビーイング
──心身の健康を超えた"よく生きる"ことの追求

◎「健康経営」との違い

EXには仕事と私生活を上手に両立させるハイブリッドワークが要件の1つだと述べましたが、これをさらに推し進めて、「従業員が精神面はもちろん、身体的そして社会的にも満ち足りた状態になる」ことを目指すウェルビーイングを実現することが大変重要です。

ウェルビーイングを語るとき、「健康経営」との違いの説明を求められることがあります。ここでその違いを整理しておきましょう。

「健康経営」がもっぱら心身の健康にフォーカスする取り組みであるのに対し、ウェルビーイングは肉体的・精神的・社会的に満たされた状態を指す言葉です。この「社会的に満たされた状態」の中には財務・経済の領域の健康・健全さや自分が正しいと感じる目的に合った仕事ができるか、という仕事そのものも対象に含まれていると捉えることができます。そして、ウェルビーイングの領域は次の4つに整理できます。

- フィジカル（身体面）
- メンタル（精神面）
- フィナンシャル（経済面）
- ソーシャル（チームや同僚、仕事そのもの）

フィジカル（身体面）とメンタル（精神面）は健康経営の領域でもありますが、EXではその取り組み対象が健康経営よりも広いといえます。

健康経営をはじめとする従来の企業の健康管理では心身の不調による欠勤や休職は、予防や改善を中心にその対策が施されてきました。また、風邪や花粉症、睡眠不足などによる心身の不調は集中力の低下などから

業務効率が下がることで体調だけでなく、働く意欲も減退します。

　これは裏を返せば、心身ともに健康であることがやる気やそこから生まれる幸福感の源泉でもあるということであり、生産性やパフォーマンスという面にも着目しているのがウェルビーイングなのです。

　ウェルビーイングを重視する企業では、ウェアラブルデバイスを活用しながら身体の状況をリアルタイムで計測し、従業員自身の自己管理の啓蒙や健康アドバイスを行っています。これ以外で先進的な事例としては、リモートワークにより自制できずに働きすぎて生じる燃え尽き症候群を未然に防ぐために、週1回のサーベイなどで予兆や状況を把握する施策を行う企業もあります。これも、従業員が健全に生産性を上げられるようにする配慮であり、ウェルビーイング施策といえるものです。

◎フィナンシャル（経済面）領域も注視

　ところで、ウェルビーイングにはフィナンシャル（経済面）領域というものがあります。これは日本では海外ほどは注目されていませんが、PwCが2023年に実施した『Employee Financial Wellness Survey』によれば、個人としての経済面のストレスは心身の健康だけでなく、生産性やエンゲージメントにも悪影響を与えることがわかっています。

　具体的には、従業員向けの金融・投資教育、資産管理ツールの提供、住宅ローンの借り換え援助などがあります。米国ではファインシャル・ウェルネス・コーチと呼ばれる専任者を社内に設置し、従業員の経済的な安定のための相談に乗る企業もあり、日本でもウェルビーイングの浸透が進むにつれ、こうした機能も企業内に置かれることになるかもしれません。

◎ジョブクラフティングを考える

　こうした施策も活用しながら、ウェルビーイングを高めるには「仕事そのもの」にやりがいがあり、仕事を通じて成長実感が得られることが極めて大切なことです。

もちろん、仕事内容が魅力的で成長につながれば最高ですし、そのために企業側が公募制などにより従業員側が希望の仕事に就くことを支援することは重要です。

　しかしながら、すべての従業員に希望の仕事を提供するのは現実的には無理があります。そのため、現在の仕事に幸福感を得られるようにする取り組みも一方で必要です。退屈な作業ややらされ感のある仕事だと感じている人に対して、その仕事の捉え方や進め方を自分なりに手作り（クラフト）するように変えることでやりがいのある仕事に変えていく方法――。それが「**ジョブクラフティング**」という考え方です。ジョブクラフティングを進めるには、次の3つの観点を充足させます。

[ジョブクラフティングの3つの観点]
　①作業クラフティング：仕事のやり方を工夫して仕事の内容を充実させる
　②人間関係クラフティング：仕事で関わる人への接し方、コミュニケーションを工夫し、良好な人間関係を築くことを通じて、仕事に対する満足感を高める
　③認知クラフティング：仕事の捉え方や考え方を工夫し、仕事にやりがいを持てるようにする

　以上、本章では6つの領域についてEX向上の取り組み方の全体像や具体例を紹介してきましたが、EX向上のためにと他社の施策やトレンドテーマなどを領域別に単発で取り入れるだけでは成功どころか、場合によってはそうした施策の効果が損なわれることにもなりかねないことに注意が必要です。

　そこで大切となるのは、EX向上のための目的と必要な施策について、すべての領域を対象に幅広く検討し、一貫性を持った活動として進めることです。

第 **3** 章

EX を
デザインする

EXデザインの全体像

◎CX（顧客体験）から考える

　顧客体験（CX；Customer Experience）を設計し、最適化を図るためのCXデザインは、「カスタマージャーニー」と「ペルソナ」に基づいてなされます。

　カスタマージャーニーとは「顧客がブランドを体験する旅」ともいわれますが、［顧客が製品やサービスを発見→関心を持って購入→その製品・サービスに満足して継続購入→ロイヤルカスタマーになる］という"旅程"を経るように、さまざまな体験を積み重ねていくなかでブランドへのロイヤリティが高まっていくプロセスのことです。

　顧客は商品を購買するまでに、クチコミや価格比較サイトを見たり、実店舗に足を運んだりします。不具合があったら製品マニュアルを読んだり、カスタマーセンターに相談したりします。顧客が製品・サービスに出会い、会社や製品と接点を持ち、関係性を深めていく。その一連の流れがカスタマージャーニーというわけです。

　また、顧客のタイプによって、カスタマージャーニーは大きく異なります。若者であれば、SNSやインターネットを通じた接点が多くなる一方で、シニアであればテレビや雑誌などが中心になります。趣味に存分に没頭できる単身者であれば、軽いフットワークで活動できますが、未就学児などの幼い子どもを持つ家庭では同じようにはいきません。子育て家庭では、機能性よりも自宅で検討から購入まで完結できる手軽さや安全性が製品・サービスの判断の決め手になったりします。

　最高のカスタマージャーニーをデザインするには、ターゲットとする顧客を明らかにしなければなりません。それがペルソナであり、ペルソナとは「行動を起こしてほしいターゲットを具体的にイメージした人物

像」です。例えば、最近は「コンビニジム」と呼ばれるスポーツジムが急成長しています。低価格で24時間使い放題、全店舗無人でスマホひとつで入退室可能。完全個室のセルフエステを使えるところもあります。これらのジムがターゲットとしているのは、「普段筋トレをしている人」ではなく、「筋トレ初心者」です。隙間時間にちょっとジムに行って、少し運動できればよい。時間がなかなか取れなくても、これくらいの価格なら損をした気にならない。このようなライトユーザーを想定して、CX（顧客体験）をデザインしているのです。

◎ ペルソナとエンプロイージャーニーからの可視化

　従業員をターゲットとするEXも顧客をターゲットとするCXも、基本的なデザインの考え方は同じです。EXではエンプロイージャーニーとペルソナを描き、従業員の体験の全体像を見据え、「誰のどの体験を充実させるか」を検討し、デザインをしていくのです。

　エンプロイージャーニーとは、「従業員がキャリアも含めて会社を体験する旅」のことです。会社は新入社員に入社手続きや受け入れ研修を行います。各種用意された手続き書類を確認したり、会社の歴史や製品・サービス、カルチャーなどさまざまな教育を提供したりします。

　そのプロセスでは新たなことを学ぶ喜びもあれば、退屈でイライラさせられるようなこともあるかもしれません。オンボーディング、研修トレーニング、評価のフィードバック、従業員同士のコミュニケーション。こうした個々のアクティビティ単位で従業員がポジティブな感情を抱くのかあるいは失意を覚えるのか、その流れを1つ1つ追いかけていくのがエンプロイージャーニーです。

　また、新卒社員とキャリア社員では受け止め方が異なるのが普通です。学校を卒業したばかりの新卒社員であれば、それこそマナー研修などの社会人基礎スキルからはじめ、自社の製品・サービスなどを丁寧に教えてもらう必要があるでしょう。しかし、業務経験のあるキャリア社員か

らすれば、あまりに基礎的・教科書的な内容では退屈します。むしろ、会社が大事にしている判断軸や暗黙にあるルール、自分の仕事にすぐに役立つノウハウなどの実践的な内容を欲しているでしょう。

ある企業でオンボーディングがEXを大いに高めた事例があります。食品メーカーであるその会社は、一般的な企業と同様に座学を中心にした受け入れ研修を行っていました。

しかし、キャリア社員の評判は芳しくありませんでした。各部門から1週間にわたりプレゼン資料を使った講義を受け、会社の基礎知識は学べましたが、手触り感や面白味は感じにくかったようです。そこで社長の指示のもと、大幅に受け入れ研修の内容が見直されました。

具体的には、自社運営の農園での土いじりをはじめ、自社商品を使った料理をし、受講者同士が一緒にテーブルを囲む。そしてその食卓には各部門の社員も参加し、食事をしながら商品や仕事の話をする。

一方的に講義を聞くのではなく、双方向で体験型のコンテンツを多く盛り込むようにしたのです。これにより、キャリア社員にとって受け入れ研修は楽しみながら会社や製品を知り、ネットワーキングができる機会に変わりました。何より、会社や製品に対する愛着心が湧いたというキャリア社員が増えたそうです。

この事例にも現れているように、**EXを効果的にデザインするためにはペルソナとエンプロイージャーニーを通して、どの社員がどこに不満足を感じているかを可視化することが重要**です。そして優先度や緊急性を検討したうえで、個々の体験を充実したものに変えるための手立てを講じます。

従業員といってもその範囲は幅広く、漠然と施策を打っていては期待する効果は現れにくいものです。誰をターゲットにするか、どの体験を充実させるかを明確にして検討することが大切だということです。そのための可視化の手段が、ペルソナとエンプロイージャーニーです。

従業員の価値のあり方がわかるEVP分析

◎EVP仮説の立案と検証

　EXにおけるペルソナは、自社の従業員をいくつかのカテゴリーに分け、その従業員の人物像を正しく想起させるものでなければなりません。そのためには、従業員が何に価値を認め、何に不満を抱いているか、従業員のことをよく知る必要があります。

　EVP分析は従業員に対する解像度をあげるのに有効な手法です。第2章で説明したように、EVPとはEmployee Value Proposition（従業員への価値提案）の頭文字であり、会社が提供するもののうち、社員が価値と感じるもの（あるいは価値を感じないもの）を明らかにします。

　EVP分析は、「**EVP仮説**」を立てるところから始めます。**EVP仮説とは、特定の属性に共通する「EVPに対する期待や不満」を仮説として立てること**です。社内の人員構成やエンゲージメント調査、人事部門が把握している社内意見や離職率などが主なインプット材料になります。若手層や中高年層、営業部門やバックオフィスの従業員、部長層や課長層・プレイングマネージャー層。このような共通の属性で捉えたときにEVPに対する共通的な期待や不満があるかを想定してみます。

　EVP仮説を立てる際には、「**EVPフレームワーク**」の活用が有効です。EVPフレームワークは、EVPの各要素を7つのカテゴリに分け、整理・分析するためのフレームワークです（図表3-1）。

　EVP仮説を立てたら、それを検証していきます。追加アンケートやインタビューを実施し、EVP仮説の対象であるターゲット人材層が実際にどのように捉えているかを把握していきます。

　例えば「若手層が成長実感を持ちにくくなっているのではないか？」というEVP仮説を立てたとしましょう。その際に、若手層はどのようなEVPに満足度・重要度を感じているか、成長実感が持てているか、持てていないのであれば何が原因か、などを深掘りしていきます。これ

図表3-1 EVPフレームワーク

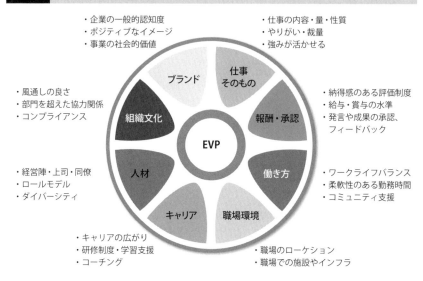

・企業の一般的認知度
・ポジティブなイメージ
・事業の社会的価値

・仕事の内容・量・性質
・やりがい・裁量
・強みが活かせる

・風通しの良さ
・部門を超えた協力関係
・コンプライアンス

・納得感のある評価制度
・給与・賞与の水準
・発言や成果の承認、
　フィードバック

・経営陣・上司・同僚
・ロールモデル
・ダイバーシティ

・ワークライフバランス
・柔軟性のある勤務時間
・コミュニティ支援

・キャリアの広がり
・研修制度・学習支援
・コーチング

・職場のローケション
・職場での施設やインフラ

により、当初立てたEVP仮説の確からしさを検証していきます。

　追加アンケートやインタビューでは、次のような質問項目を投げかけていきます。

- 現状のEVPに対する満足度（5段階で評価）
- 現状のEVPの課題・不満
- 現状のEVPの維持すべき点
- EVPの重要度（3段階で評価）
- EVP仮説の深掘り質問
- その他組織改善に向けた意見・フリーコメント

　追加アンケートやインタビューから得られたインプットをもとに、整理・分析を進めていきます。縦軸・横軸にEVPの重要度と満足度を取り、アンケートやインタビューの結果を分布していきます（図表3-2）。

　重要度・満足度がともに高いものは、会社が社員を惹きつけているも

図表3-2 EVP分析の例

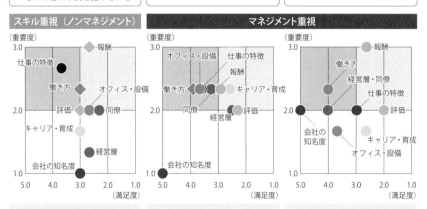

エンジニアリング部
・仕事量・難しさに対して報酬に不満
・仕事に裁量があることに価値を感じているが、技術を活かした将来的なキャリアパスがないことに不安を抱いている

サービス企画部
・仕事はチャレンジングだと感じており、大きな不満はなし
・戦略に基づく優先順位付けや意思決定・指針を求める

販売促進部
・一定の報酬・ワークライフバランス・GMのリーダーシップを重視
・キャリアについては若手に比べて安定性を求める傾向あり

スキル重視（ノンマネジメント）

（重要度）
報酬／仕事の特徴／働き方／オフィス・設備／評価／同僚／キャリア・育成／経営層／会社の知名度
（満足度）

現状は裁量の大きさに満足しており、リスクは少ないが、将来的に技術を活かしたキャリアパスが見えない不安から今後退職リスクが高まる可能性あり。

マネジメント重視

（重要度）
オフィス・設備／仕事の特徴／報酬／働き方／キャリア・育成／同僚／経営層／評価／会社の知名度
（満足度）

一定の満足感はあるが、向上心が強く、より自身のキャリア志向に近い部署への異動を検討している。退職リスクは少ないが、異動希望で部外流出リスクはある。

（重要度）
報酬／働き方／経営層・同僚／仕事の特徴／評価／会社の知名度／キャリア・育成／オフィス・設備
（満足度）

ある程度キャリアの方針が定まっており、部内で自身に合った働き方を確立している。報酬と働き方のバランスが保たれるかぎり、退職リスクは少ない。

のです。一方で、重要度・満足度がともに低いものは、会社が社員を落胆させているクリティカルな要素です。この落胆させているクリティカルな要素こそが、EX向上のカギを握るEVP課題です。

◎EVP課題からペインポイントを明らかにする

　詳細は後述しますが、EVP分析によって明らかになったEVP課題の解像度をさらにあげていくのがペルソナとエンプロイージャーニーになります。具体的に、誰がどのタイミングに強い痛みを感じているかという「**ペインポイント**」を明らかにし、それに対処する施策を検討していきます。EVP分析を行ううちに、いままで漠然と感じていた「社員の

意識」が明らかになってきます。

　あるソフトウェア企業では、これから子育てを控えているワーキングマザー予備軍が何らかの不安や不満足を抱えているというEVP仮説を立てました。同社では、育児や復帰サポートなどを積極的に行っていましたが、出産や育休後に退職する女性従業員が増加していることが明らかでした。しかも、特に優秀な従業員として認知され、将来の女性リーダーとされる人から辞めていたのです。

　同社では、すでに退職した女性従業員も含めて、インタビュー調査を行いました。その結果、次のようなことがわかりました。

- 優秀な女性従業員が重視するのは育児とキャリアの両立である。
- フラットな組織風土があり、女性でも若いうちから責任ある仕事を任されており、優秀な女性従業員も責任ある仕事につくこと自体は歓迎している。
- 責任ある仕事を任された女性の働き方はハードワークとなり、多くの女性リーダーは仕事と子育ての両立に奮闘している。
- 時短勤務などの制度は充実しているが、時短勤務を選択すると上司が気をつかって極端に楽な仕事にアサインされる。
- 女性従業員のキャリアは、「①ハードモードでキャリアを邁進」「②イージーモードでキャリアを断念」の2択しかない。
- キャリアも家庭も両方を得ようとする女性リーダーは現職場と同程度のハードワークが会社から求められないことから、楽な業務への配置転換がなされない「ほどよいキャリア」を目指し、転職を決意する。
- 特に育休中に、いろいろとひとりで思い悩み、復帰前に退職を決めるパターンが多い。

　このような実態が見えてくると、育児サポートをいくら充実させたとしても、優秀な女性リーダーの離職は止められないことがわかってきま

した。ペルソナとなる女性リーダーは、育児の支援を求めているのではなく、キャリアと育児の両立を求めていたのです。

　そのため、同社では「キャリアもライフも諦めない」ことをスローガンとして、対象層との対話とキャリア計画を入念に行うことにしました。出産・育児を控えた女性従業員に対して、キャリアコンサルタントが入り、働き方と復帰後の仕事に対する期待を把握・理解するようにしました。そして、キャリアコンサルタントと人事部・現場部門と協力して、本人の意向にフィットした復帰後の計画を立てるようにしました。

　また、先輩ワーキングマザーをメンターにつけたり、コミュニティづくりを支援したりして、ひとりで悩みを抱え込まないようにサポートを充実させました。

　このような取り組みの結果、女性リーダー候補の離職は一気に減ったそうです。一律的な「働きやすさ」ではなく、個々の意向に合わせた「キャリアとライフの両立」に舵を切ったことで、女性従業員が根源的に抱いていた不満や不安が緩和されたのです。

　会社が従業員にとって「価値あるもの」となるために、会社の価値を再定義（リブランディング）しなければなりません。そのためには、従業員が会社の何に価値を感じ、何に落胆しているかを知ることが重要です。「従業員にとっての価値」を可視化するのがEVP分析です。

　EXを高めるためには、とにもかくにも、従業員のことをよく知らなければなりません。そして、EVP分析が従業員のことを深く知る大きなキッカケになるのです。

ターゲットとなる人物像を明らかにするペルソナ

◎ペルソナで従業員の「共感」を知る
　EVP分析の次に行うのが、ペルソナ設定です。ペルソナとはラテン

語の「persona」に由来しており、もともとはギリシア劇で使われる「仮面」を意味します。心理学者ユングが「自分の内側に潜んでいる自分」「人間の外的な側面」をペルソナと呼んだことから、一般的に広がりました。

　EVP分析を通じて明らかになったターゲット層の代表的な人物設定を行うのがペルソナです。その人物があたかも実在しているかのように、年齢、性別、役職、趣味、価値観、ワークスタイル……などリアリティのある詳細な情報を設定していきます。

　ペルソナを設定することにより、施策を打つターゲットとなる人材の解像度をあげ、共通認識をつくることができます。それぞれが異なる人物像を想定してEX施策を検討していたら、議論はなかなか前に進みません。ペルソナによって認識のすり合わせができ、効果的に施策検討をすることができるのです。

　また、対象となる従業員やその影響を容易にイメージすることができ、ユーザー視点を施策に盛り込むことができます。

　「20代の若手従業員」をターゲットにしたとします。例えば、ペルソナを設定すると、次のような内容になります。

- 27歳の男性社員で新卒5年目
- 首都圏の営業部門に所属、大手顧客を3社担当
- 成長意欲と上昇志向が高く、仕事に積極的
- デジタルツールへの関心が高く、職場での顧客管理システムのリード役を担う
- 転職エージェントに登録済み。具体的な転職意向があるわけではないが、自身の市場価値についての情報収集はこまめに行っている
- 趣味はフットサル、都内にひとり暮らし

　設定を少し加えるだけで、対象となる人の情景が頭の中に浮かんでき

たのではないでしょうか。この人物であれば、現在の会社のどのような
ところを評価しているか、またどのようなことに憤りを覚えているか。
これらを具体的にイメージして、施策につなげていくのです。

　EXで重要なことは、従業員の「共感」を得ることです。施策を実行
したときに、従業員が興醒めしてしまっていては意味がありません。従
業員の共感を得るためには、ターゲットとなる従業員を具体的にイメー
ジし、深く考え抜くことです。その具体性と深さを追求するのに、ペル
ソナは威力を発揮します。

◎ペルソナをうまく設定するには

　ペルソナを設定する際に、ひとつ忘れてはいけないポイントがありま
す。それは、施策に関係する設定を入れ込んでおくことです。

　オンボーディングの検討をするのであれば、入社前の設定が必要にな
ります。例えば、社会人経験の有無、転職の動機、入社経路、採用面談
での評価などがあげられます。

　働き方の検討をするのであれば、キャリアやライフスタイルの設定が
必要になります。家族構成、趣味や休日の過ごし方、キャリアゴールな
どを設定することです。

　これらを踏まえて、施策の方向性や訴求ポイントを考えていくことで、
施策の有効性を高めることができます。

　ある企業のペルソナ実践例を紹介します（図表3-3）。
　同社はコロナ禍を契機にニューノーマルに対応した新しい働き方の推
進のため、人事制度の改定や社内デジタル化を進めていました。しかし、
従業員のワークスタイルや組織での役割、生活環境など、従業員の多様
性が高く、なかなか施策を絞り込むことができませんでした。

　そこで、外勤中心タイプやデスクワーク中心タイプなどのセグメント
に分けて、ペルソナを設定することにしました。

　モデルとなる従業員像をペルソナという形で具体化したことで、働き

仕事で主に活用
しているデバイス

タブレット　スマートフォン

セグメント	
名称	**属性情報**
セグメント⑧ "モバイルワーカー" 	・職種：大企業向け営業 ・年齢：28-35歳 ・入社経路：中途入社が80% ・初めてスマートフォンを持ったのは平均20歳。平均して2年おきに最新機種に買い替えている。 ・平均2.2種類のSNSツールを活用して情報収集や友人と交流している。

仕事やキャリアに求めること	ワークライフバランスや労働環境に求めること
・クライアントの課題を理解したうえで業界に先駆けた先進事例を自分の手で作り出したい(そのために業界動向や社内外の事例を収集し、クライアントからのリクエストに応えられるようにしておきたい) ・自社で管理職などの責任のあるポジションに就きたいし、そのために自分に何が必要なのか、何をしなければいけないのか知りたい ・同僚と…	・プライベートがまったくなくなることは避けたいが、キャリアアップのためであれば多少プライベートが犠牲になっても構わない ・ただ、本質的ではないこと(無駄な手続き、不必要な会議)に時間が割かれることは絶対に避けたい ・オフィスの外であっても…

働き方の特徴	ペインポイント (エクスペリエンスが損なわれている瞬間)
・平均労働時間は10時間/日 ・通勤時間は平均70分、90%が鉄道で通勤 ・通勤中に会社貸与のスマートフォンで取引先の情報や経済ニュースを確認 ・1日のうちオフィスで業務するのは3時間程度(それ以外は外出先でメールのチェックなどを行っている) ・帰宅後は…	・業務で使用する紙資料が多く、申請なども紙で行われるため、そのたびにオフィスに行かなければならず、非常に非効率になっている ・業界トレンドや自社内の事例を調べようとしてもすぐに情報が手に入らない(ナレッジ管理ツールが使いにくい、知っている人を人づてに探さないといけない) ・自分に必要なトレーニングが簡単に探せない。見つけたとしても年1回の集合研修でタイムリーに受けられず…

方の障壁をピンポイントで特定し、働き方のルールや手当、サポートなどを検討することができました。

　また、導入にあたっては、各施策のメリットや活用方法を従業員目線で提示することで多くの従業員の共感を得ることができました。

　例えば、直行直帰は部門ごとにルールが異なり、メールで事前申告が必要な部署もあれば、各自の裁量に任せる部署もありました。この不透明さが中堅社員には精神的な負担や不公平感につながっていることがペルソナで明らかになりました。上長の考えひとつによって働き方が左右されるため、共働きで育児を双方で分担している従業員には、大きな負担感になっていたとのことです。そのため、直行直帰の事前申告・事後承諾ルールを全社的につくり、透明性のあるルールとして運用をスタートしたのです。

　さらに、上司層への啓蒙も兼ねて、再現ドラマを作成し、いままでの何が社員の負担感につながっていたかが伝わるように工夫しました。これにより、従業員の不満は大きく解消されたそうです。

　視点を変えると意外なことが見えてくることがあります。制度設計の企画者は、どうしても自分の視点で物事を捉えがちになります。ペルソナを設定することで、当事者の視点で従業員体験を捉えることができます。それこそが、ペルソナを設定する意義といえるのです。

点ではなく線で捉えるエンプロイージャーニー

◎3つのステップで作成する

　さらに、解像度をあげて従業員体験を把握・分析するのがエンプロイージャーニーです。エンプロイージャーニーは、対象となる従業員が社内で直面する一連の体験をまとめたものです。とはいえ、新卒入社か

ら定年退職までの数十年をマップ化するわけではありません。従業員が共通的に体験すること、かつEVP分析やペルソナ設定から見えてきたEX上の課題に関連する体験をジャーニーに整理するのです。

例えば、オンボーディングや評価フィードバック、育休取得や異動などがあげられます。エンプロイージャーニーを描くのは、あくまでもエンプロイージャーニーそのものが目的ではなく、従業員体験を向上させることが目的です。

そのため、課題と認識した従業員体験に絞ってジャーニーを描きます。図表3-4は「学習機会と成長」というテーマでのケースです。このように体験の流れを明らかにしたものがエンプロイージャーニーです。

エンプロイージャーニーの作成は、以下の3ステップで行います。

①ジャーニーのテーマを決める

②時系列で従業員が直面する体験の瞬間（モーメント）を整理する

③個々のモーメントにおける従業員の感情の起伏（特に、痛みを感じるペインポイント）を明らかにする

◎ネガティブな体験をなくし、良い体験を上書きする

エンプロイージャーニーは、体験の流れを整理したものです。

例えば、「育休取得」というテーマを選択したとしましょう。そこには、従業員が直面するさまざまな体験があります。育休を取得しようとしたら、まずは社内的な申請の手続きを確認する必要があります。補助金や給付金なども確認しなければなりません。

次に上司に相談し、正式な手続きに入っていきます。その主要な体験の瞬間をモーメントとして切り取り、ジャーニーとして整理します。そして、モーメントごとに従業員がどのような感情の揺れが起きるかを想定していきます。

特にネガティブな感情を引き起こすものは注意が必要です。育休でいえば、「申請の手続きがわかりにくい」「仕事の引き継ぎ先がギリギリま

図表3-4　エンプロイージャーニーの例

■ 学習機会と成長のエンプロイージャーニー ［営業部 Aさん］

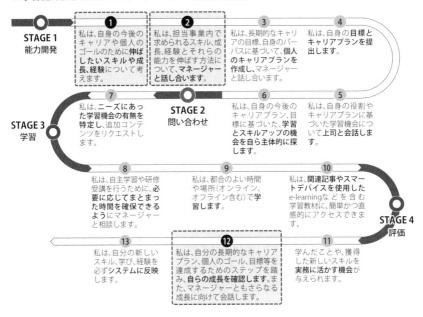

STAGE 1
能力開発

① 私は、自身の今後のキャリアや個人のゴールのために伸ばしたいスキルや成長、経験について考えます。

② 私は、担当事業内で求められるスキル、成長、経験とそれらの能力を伸ばす方法について、マネージャーと話し合います。

③ 私は、長期的なキャリアの目標、自身のパーパスに基づいて、個人のキャリアプランを作成し、マネージャーと話し合います。

④ 私は、自身の目標とキャリアプランを提出します。

STAGE 3
学習

⑦ 私は、ニーズにあった学習機会の有無を特定し、追加コンテンツをリクエストします。

STAGE 2
問い合わせ

⑥ 私は、自身の今後のキャリアプラン、目標に基づいた、学習とスキルアップの機会を自ら主体的に探します。

⑤ 私は、自身の役割やキャリアプランに基づいた学習機会について上司と会話します。

⑧ 私は、自主学習や研修受講を行うために、必要に応じてまとまった時間を確保できるようにマネージャーと相談します。

⑨ 私は、都合のよい時間や場所（オンライン、オフライン含む）で学習します。

⑩ 私は、関連記事やスマートデバイスを使用したe-learningなどを含む学習教材に、簡単かつ直感的にアクセスできます。

STAGE 4
評価

⑬ 私は、自分の新しいスキル、学び、経験を必ずシステムに反映します。

⑫ 私は、自分の長期的なキャリアプラン、個人のゴール、目標等を達成するためのステップを踏み、自らの成長を確認します。また、マネージャーともさらなる成長に向けて会話します。

⑪ 学んだことや、獲得した新しいスキルを実務に活かす機会が与えられます。

主なペインポイント

① 「私は、自身の今後のキャリアや個人のゴールのために伸ばしたいスキルや成長、経験について考えます。」
・キャリア展望や自身の成長について考える時間よりも、ビジネス・業務が優先されています。
・特定のスキルを身につけたときに、それをどのように活かせるかの情報とマネージャーからの支援が不足しています。
・自身の成長のため、チーム外の人々と話し合い、異なる視点を手に入れる機会が十分にありません。

② 「私は、担当事業内で求められるスキル、成長、経験とそれらの能力を伸ばす方法について、マネージャーと話し合います。」
・上司と成長について話し合う時間の確保が難しいうえ、リモートワーク環境がさらに困難にしています。
・ラインマネージャー以外の人からガイダンスや助言を受け取る機会が欲しいです。
・上司によってマインドセット・裁量・権限が異なり、大きなバラつきがあります。
・組織目標と従業員の個人目標が必ずしもリンクしていません。

⑫ 「私は、自分の長期的なキャリアプラン、個人のゴール、目標等を達成するためのステップを踏み、自らの成長を確認します。また、マネージャーともさらなる成長に向けて会話します。」
・学習の評価に役立つプロセスやツールがありません。
・成長についての会話が不足しています。また従業員の成長に対する上司の積極的な関心が不足しています。
・マネジメント能力向上に向けたトレーニングの機会を増やしてほしいです。

で決まらない」といったことがあげられます。それらが、どのモーメントで発生したかを明らかにし、それをポジティブなものに変換するための施策は何かを考えていきます。

この際、ペルソナごとに感じ方が異なるようであれば、ペルソナごとにジャーニーを描き分ける必要があります。男性従業員が育休を取ろうとしたら、上司や職場から否定的な意見が出るといったことは男性ならではのことでしょう。男性でも育休は取りやすい時代になってきましたが、いまだに職場の上司の理解がないケースがあるとよく耳にします。

「忙しい時期なのに、本当に育休取るの？」

「奥さん、専業主婦じゃなかったっけ。育休なんて必要ないんじゃない？」

このような心ない言葉を上司からかけられると、育休が取れたとしても、従業員体験としては最悪です。育休を取ったら自身の出世の道が断たれたのではないかと捉える従業員もいれば、上司の理解のなさに落胆を感じる従業員も出てくるでしょう。

こうした場合、男性従業員の育休に対するエンプロイージャーニーを描く中で、「上司への報告」のモーメントに最大のペインポイントがあると認識します。そして、会社としては上司に対する育休啓蒙や不適切な発言に対するフィードバックの徹底をしていくことを施策として盛り込んでいくのです。

エンプロイージャーニーを描くことは、このような社内でのネガティブな体験の「あるある」を可視化することでもあります。ネガティブな体験をなくし、良い体験へと上書きしていくために、モーメントを特定します。

さらには、普通の体験を良い体験に変えるためにはどうすればよいかを検討し、社員の会社体験全体を充実した体験で満たしていくのです。

第 **4** 章

EXにおける
テクノロジー活用

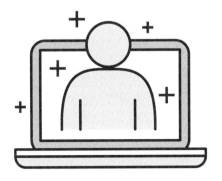

テクノロジーでできるようになったこと

　前章では、EVP分析・ペルソナ・エンプロイージャーニーと従業員体験の実態を把握するための手法を中心に解説をしてきました。

　本章では、テクノロジーを活用して、それらをいかに効果的、効率的に実践していくかについて解説を進めます。

◎テクノロジー活用とEXの関連

　EXデザインのポイントはペルソナを設定して、ターゲットとなる人たちが求める体験を提供することにあります。しかし、多くの従業員が所属する組織で、1人ひとりが求めるものを正確に把握し、実現させていくことは容易ではありません。

　例えば、オンボーディングにおいて、新入社員が組織に馴染むことをサポートするために経歴や趣味などが似ている同僚を紹介するとしましょう。会社側が従業員全員について出身地や趣味などをすべて把握することは困難ですし、把握したとしても全員に最適な同僚を引き合わせるのは手間のかかることです。そもそも、個人の価値観や志向性に合わせて施策やメッセージを変えることは人間の手だけでは非常に困難です。

　しかし、近年のEXツールの登場に伴い、テクノロジーを活用することによってより効率的に（手間をかけずに）それができるようになりました。それ以上に、取り組みのレベルもテクノロジーによって引き上げることができるようになっています。

　実際にEXツールを導入している日本企業は図表4-1に示すように31％にのぼり、15％は1つの領域の中で複数のツールを使って組み合わせることで従業員のEXを高めようとしています。

　また、テクノロジーを活用している企業のほうが、EXの成熟度やエンゲージメントが向上している割合が高いことが図表4-2に示す調査結果に認められます。

図表4-1　EXツールの導入状況

- 領域（採用、育成等）内でツールを1つだけ導入している
- 領域（採用、育成等）内で複数のツールを導入している
- ツールは導入していない
- ツールの導入状況は把握していない

設問：EX向上のためのHR techツールの導入・活用状況について、該当する選択肢をお選びください。
（※小数点以下は四捨五入）

出所：PwCコンサルティング『エンプロイーエクスペリエンスサーベイ2022-2023』

図表4-2　EX成熟度・従業員エンゲージメントとの関係

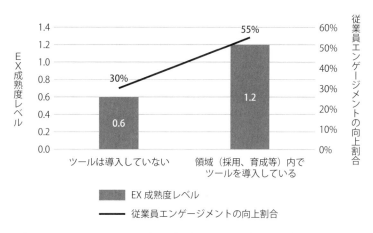

- EX 成熟度レベル
- 従業員エンゲージメントの向上割合

設問：EX向上のためのHR techツールの導入・活用状況について、該当する選択肢をお選びください。

「領域（採用、育成等）内でツールを1つだけ導入している」「領域（採用、育成等）内で複数のツールを導入している」を「ツールを導入している」、「ツールは導入していない」を「ツールは導入していない」として分類して集計
（※小数点第2位を四捨五入）

出所：PwCコンサルティング『エンプロイーエクスペリエンスサーベイ2022-2023』

急速に拡大するEX向上ツール

◎HRテクノロジーの普及とEXツール

EXツールがその多くを占めるHRテクノロジーの市場は急速に拡大しており、日々新しいツールが開発されています。

市場の拡大の結果としてテクノロジーツールは従業員が会社と出会い、別れる（退職）までのエンプロイージャーニーすべてをカバーするように広がっています（図表4-3）。

図表4-3　エンプロイージャーニーに関係するEXツール

Employee Listening（従業員の声を聴く）							
エンゲージメントサーベイ				パルスサーベイ			
Join（組織に参画する）	Work（日常業務を遂行する）				Succeed（成長する）		Leave（組織を去る）
—	チームマネジメント	生産性	コラボレーション	ウェルビーイング	キャリア・スキルディベロップメント	パフォーマンス	—
候補者管理	マネージャー支援	チケットサービス	バーチャルオフィス	フィジカル／メンタルウェルビーイング	オポチュニティマーケットプレイス	パフォーマンスマネジメント（OKR、評価 等）	オフボーディング
ビデオ面接	360度フィードバック	デジタルアダプション	情報管理・共有		タレントマーケットプレイス	レコグニション（ピアボーナス 等）	アルムナイネットワーク
オンボーディング		タスク管理	コミュニケーション（チャット、ウェブ会議等）		LXP（Learning Experience Platform）		

注）複数領域の機能を持つツールもある

◎HRツールの近年の変化

　各領域のツールを見る前に、HRテクノロジーの近年の変化をいくつか紹介しましょう。

　1つが、人事以外の領域への拡大です。テクノロジーの活用範囲は採用や評価、人材開発・研修といった人事領域の外にある「生産性向上」や「コラボレーション支援」などに広がりつつあります。

　例えば、従業員がオンラインで共同作業をするためのホワイトボードツールが実装されていたり、社内にいる人たちのスキルをタグとして可視化し、仕事を進めるうえで必要な知見を持っている人をレコメンドしてくれたりするようなタレントコラボレーションツールなどが登場しています。このような新しい領域は「**ワークテック**（Work Tech）」と呼ばれています。

　もう1つが、対象とするユーザー（従業員）の広がりです。これまでのツールはオフィスで働くホワイトカラーを支援するものが多かったのですが、昨今では農業や医療、運輸、小売といったオフィス以外の場所で働く「**デスクレスワーカー**」と呼ばれる従業員向けのツールも次々に登場しています。

　例えば、飲食店で働く人向けにはスマートフォンで店員自身が自分の作業を録画し、それをマニュアルとして組織内に展開するようなツールが使われ始めています。某ファストフード店ではゲームフィケーションのアプリを通じて楽しみながら作業手順を習得しています。

　『国勢調査』からの推計によれば、2020年のデスクレスワーカーは日本社会の就業者の7割を占める多数派であるにもかかわらず、いままでエンゲージメント向上の打ち手が十分に打たれていませんでした。企業にとってデスクレスワーカーのEXを高めることは競争力を引き上げるための重要課題になっているのです。

　ところで、デスクレスワーカーの多くはそもそも業務でパソコンを使

う機会が少ない代わりに、タブレットなどの情報端末を使ってデータなどの入出力やコミュニケーションをとっていたりします。オンとオフでスマートフォンやタブレットを使っているデスクレスワーカーは、それらが持つ視認性・操作性に優れたUI/UXには馴染みがあります。

　そのため、社内のツールもUI/UXに配慮することが必須といえるのです。同様に、EXツールもユーザー（＝従業員）に使いやすい工夫が必要です。

　例えば、ツールの操作は画面上でボタンを選ぶのではなく、チャットボットとの会話を通じて自然なやり取りで進められるようになっていたりするなどです。キーボードによる入力ではなく、音声入力によってツールを操作することや、後述する「デジタルアダプション」という、マニュアルがなくても操作が可能になるツールの活用も検討対象でしょう。

◎ベンダー側の変化

　ツールを提供するベンダー側にも2つの変化があります。

　1つは、元々BtoCのサービスを取り扱っていた企業がBtoBの領域に進出していることです。例えば、SNS関連のプロダクトを扱う会社によるネットワーキング支援ツールの開発や、学習アプリベンダーによる企業研修プラットフォームへの進出などです。

　もう1つは、大型ベンダーが周辺サービスを買収し、自社サービスにその機能を取り込み始めていることです。これまでは特徴的なマイクロツールを組み合わせてEXを向上させることがEX先進企業の定石でしたが、今後は統一的なプラットフォームを選択することの有益性が大きくなる可能性があります。

　ここからはエンプロイージャーニーに沿ってツールのバリエーションやその中でも特徴的な、そして注目を集めているツールについて紹介するとともに活用する際に気をつけるべき点について解説していきます。

エンプロイージャーニー①
組織に参画する（Join）

◎「人材の惹きつけ・採用」ツール

　入社に関係するツールは、「人材の惹きつけ・採用」（候補者管理、ビデオ面接等）と「オンボーディング」に大別できます。

　「人材の惹きつけ・採用」ツールは、自動化などによって応募者や採用担当者の手間を省くことや、AR/VRなどの技術を駆使して、応募前に会社や組織のことを理解してもらうことを主眼に置いたものなどが多数登場しています。

　ある企業では、「AIリクルーター」と呼ばれる採用ツールを活用しています。応募者が自社の採用ページにアクセスすると画面上にチャットが立ち上がり、「あなたの職種は？」「管理職としての経験年数・部下の数は？」「組織マネジメントを希望しますか？」「専門家として働きたいですか？」というような、経歴や志向性に対する質問がチャットボットから次々と投げかけられます。応募者が質問に答えていくと自分に最適な求人が表示され、クリックひとつで応募まで完了する応募者フレンドリーな仕組みになっています。

　また、面接の日程調整もチャットボットを通じて行われます。応募者の多くが「（チャットボットではなく）人が対応してくれている」と感じ、利便性の向上だけでなく「大切な存在として扱われた」という点でもEX向上、つまり入社志望度向上につながっています。

◎「オンボーディング」ツール

　「オンボーディング」ツールは、内定から入社して組織に馴染むまでの期間に活用するものです。入社手続きではさまざまな種類の書類を提出することが多く、それが紙によるものばかりだと煩わしく感じられます。入社直前は、「内定ブルー」「転職ブルー」という不安定な心理状態

になることがあります。この期間のテクノロジーの活用ポイントは入社関連の手続きを簡便にすることと、入社する人に対して歓迎の意を示すことの2つです。

　ある企業では、自社における標準的なオンボーディングプロセスを内定から入社後一定期間まで設定して、1つのツールですべての処理を完結させています。

　その中では、入社書類のやり取りから受領の確認まで可能なかぎり電子化しており、手続きの煩雑さを解消しています。

　また、内定後から入社を歓迎するメッセージを動画も交えて発信したり、同時期に入社した人たちのネットワーキングのためのチャットスペースを提供したりするなど、不安を解消するためのさまざまな仕掛けを施しています。内定後の定着状況も把握し、内定辞退や早期離職があれば原因を確認して、プロセスの見直しに結びつけています。

　オンボーディングツールを活用することで、複数の部門にまたがる作業や手続きが1つのツールで完結するので、入社者だけでなく管理部門の従業員にとってもEXを向上させる効果があるそうです。

オンボーディングツールに設定するジャーニーの例

内定式 （新卒入社の場合）	・内定者同期とのチャットスペースを設定する
入社30日前	・入社書類の提出や初日の出社方法の案内を行う ・PCのセットアップや社員証の発行手続きを情報システム部門と総務部門に依頼する ・配属先のマネージャーとメンバーに歓迎メッセージの動画撮影・アップロードを依頼する ・CEOからの入社歓迎ビデオを送信する
入社2週間前	・マネージャーとメンバーからの歓迎メッセージ動画を送信する ・服装に関するガイドやオフィス周辺のランチ案内を送信する ・入社書類を提出していない場合には催促メッセージを送信する

入社日	・各種ツールの使用方法や事務手続きを案内する
入社1カ月後	・オンボーディング状況を把握するためのサーベイを発信する ・サーベイ結果が悪い場合、マネージャーに面談を促す
入社1年後	・本人に入社1周年を祝うメッセージを送信する ・マネージャーに部下が入社1周年を迎えることを案内して部下とのランチを勧める

日々の業務を遂行する（Work）

◎日常業務を自動化するツール

　私たちが組織の中で最も長い時間を費やすのが、日々の業務の遂行です。朝PCを起動し、複数のメッセージアプリ（メールやチャット）を開いて届いているメッセージに返信を行う。事務手続きが必要であれば、要件ごとに人事や総務、経理など担当ごとに申請フォームを作成する。

　このような日常業務には多くの無駄な作業や非効率な手続きが潜んでいて、多くの人が日々不便を感じてはいないでしょうか。

　採用や評価といった人事業務の枠組みで問題を捉えようとすると、1日の多くを占める日常業務の時間は検討の視野に入らなくなります。その結果、EXを低下させている「不便さ」や「非効率性」などが放置されてしまいます。この領域はEXというレンズを通すからこそアプローチが可能です。

　私たちは日々多くのツールを使って仕事をしています。顧客とのやり取りはメール、同僚とのやり取りはチャットなど相手によってコミュニケーションツールが分かれています。また、資料は表計算やプレゼンテーションなど複数のオフィスツールを使い分け、そのツールの中でもコメントを入れて作業指示や修正依頼をかけながら仕上げていきます。

　同じ顧客やテーマであったとしても、複数のツールを使っているために「あの資料はメールに添付されていたのか？　チャットでもらったのか？」と内容を探すことに苦労したり、連絡漏れが生じてしまったりすることがあるかもしれません。

　ツールも次々に新しいものが導入されるので、「あの手続きはどのツールを使えばいいのだろうか？」と社内ポータルサイトを探すことや、ツールが特定できても操作方法がわからずにマニュアルや検索サイトと

格闘するなど、無駄な労力を費やしがちです。

　これに関連して、「DIAMONDハーバード・ビジネス・レビュー」に興味深い記事が掲載されました。平均的な従業員がアプリやウェブサイトを毎日約1200回切り替えていて、次の作業に移るまでに要した余計な時間が年間就業時間の9%にも上るそうです。切り替えに時間が失われているだけでなく、切り替えの前後の作業時間も集中力が失われて生産性が低下してしまっていることをその記事では指摘しています。

（出所：ロハン・ナラヤム・ムルティ／サンディープ・ダドラニ／ラジャス B. ダス、片桐嘉人訳「アプリケーションの切り替えが従業員の時間と労力を奪う　従業員体験の向上のためにリーダーができること」DAIAMONDハーバード・ビジネス・レビュー、2022.11.08）

　複数のツールを利用することに起因する不便さを解消するうえで最も有効なことはツールを1つにまとめることです。「チケットサービスツール」は申請手続きを１つのツールで完結させるためのツールです。これまで人事や総務、情報システムなど部門ごとに分かれていた申請窓口を１つに統合することで申請方法を探す手間を省くことが可能になります。複数ツールの情報連携・共有や複数ツールにまたがる作業を自動連携する「iPaaS（Integration Platform as a Service）」というツールもあります（図表4-4）。

　図のケースを例に取ると、iPaaSを活用すると劇的にプロセスは簡素化されることがわかります。

　これまで会計システムに申請を行い、申請したことの報告と承認依頼をチャットツールで承認者に連絡しないといけなかったものが、チャットツール上で申請をしたい旨を入力すると会計システムと連携して自動的に申請があげられ、承認結果をチャット上で自動的に受け取れるようになります。

　また、複雑でわかりにくいデジタルツールの操作をサポートする「**デジタルアダプション**」というツールもあります。これは、操作の難易度が高いツールの画面上にポップアップなどでガイドが表示されるアプリ

図表4-4 「iPaaS」による複数ツールの連携イメージ

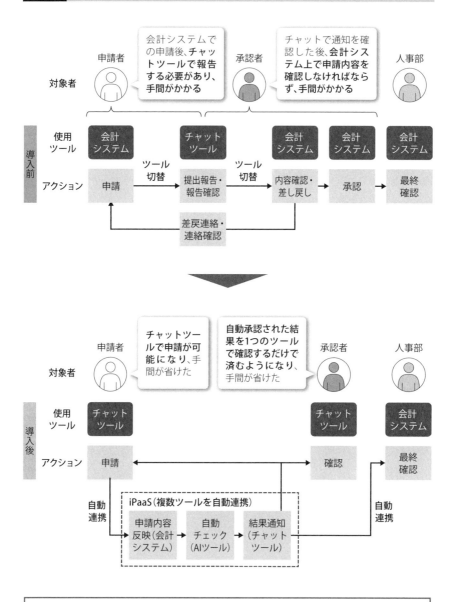

複数ツール間の連携により操作ツールの切り替えが不要になる

ケーションです。次に押すべきボタンが強調されたり、ボタンの解説（何を行うためのボタンなのか）がポップアップで表示されることでマニュアルを確認しなくてもスムーズに作業が進められます。

わざわざ情報を入力するまでもなくわかっている内容についてはツール側で入力を行うようにすることや、従業員の入力できる内容に制限をかけることで誤ったデータを入力するリスクを回避する機能も出てきています。

例えば、これまで人事担当者の課題の 1 つが、人事システムの入力内容の制御などを柔軟に設定することができないために誤ったデータ入力により二度手間が起きることでした。それがシステム側で自動的に解決してくれる機能の登場で負荷軽減が実現できるようになっています。

◎マネジメント支援ツールも登場

不便さや効率性を改善する以外のものもいくつか紹介しましょう。その中でも特に注目されているのが、マネージャーのチームマネジメントを支援するツールです。

近年、マネージャーの役割は範囲が広くなったうえに難易度もあがっています。メンバーの属性や志向性・価値観の多様化の進展により、動機づけのための手段や方法も 1 つではなく、相手に合わせたものを選択しなければなりません。また、リモートワークが普及したことでメンバーの健康や負荷状況を把握しにくくなっています。

一方で、会社からは業務管理とその遂行だけでなく、メンバーのキャリアアドバイザーやカウンセラー的な役割も求められるようになり、確実に大変な仕事になっています。こうしたなか、「管理職として働くことは罰ゲーム」ともいわれることがあるほどです。

そこで、そうしたマネージャーの課題を解決するためにチームマネジメントを支援するツールが多く登場してきています。

例えば、チームメンバーに対して多頻度（週1回程度）で体調などについて2、3問程度質問し、その結果をマネージャーに通知し、疲弊して

いるメンバーのケアを促すツールが活用され始めています。また、上司
と部下との間の1on1の記録に基づいて「業務負荷に対してねぎらうコ
メントが必要」などメンバーとのコミュニケーションについてアドバイ
スするツールもあります。

　マネージャー向け以外のユニークなものもあります。リモートワーク
で起きやすいといわれる燃え尽き症候群など心的問題を防ぐためにバー
チャルアシスタントが悩み相談に乗ってくれるようなツールも展開され
ています。

成長を支援する（Succeed）

◎従業員のための成長支援ツール

　近年、日本企業の多くがキャリア自律を掲げて従業員に対して自らのゴールを描き、その実現に向けて自律的な学びや成長を求めています。

　しかしながら、キャリアゴールを持っていたとしても実現するためにどのような経験を積むべきか、何を学ぶべきかということや、どういった手段で習得することができるのか、従業員側が理解できていないことが多いのではないでしょうか。そのような状態では自律的に学ぶことは困難です。

　確かに、会社側では成長や挑戦を支援するツールやプログラムが提供されているものの、研修プログラムはLMS（Learning Management System：e-Learningを含む研修プログラムの管理や受講のためのツール）などの教育プラットフォーム、社内公募の仕組みはイントラネットといったように一元的に管理されていないために、その機会が十分活用できていないといった問題を聞き及ぶことがあります。

　こうした状況では、従業員が成長したいと熱意を持っていたとしてもモチベーションは低下してしまいます。これを解決するのが「**オポチュニティマーケットプレイス**」というツールです。

　このツールでは従業員本人の目指すキャリアやキャリア志向性（組織マネジメントか専門家か、希望する職種等）、保有する能力や経験などに基づいてゴールに近づくための部署やポジション、社内プロジェクト、さらにはスキルのギャップを埋めるために必要な研修プログラムなど成長のためのすべての機会（オポチュニティ）が横断的に表示され、レコメンドされます。このツールを活用することで従業員は1つの画面上で成長のための機会を確認し、チャレンジができるようになります（図表4-5）。

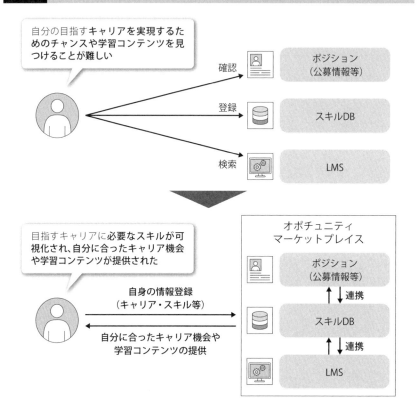

◎人事担当者のための人材任用ツール

「オポチュニティマーケットプレイス」は従業員のためのツールですが、同じような機能で人事担当者や事業部門管理者のためのツールもあります。これは「**タレントマーケットプレイス**」といい、あるポジションの任用候補者を探すときに全従業員から要件に適合する人材を検索することができるものです。ツールによっては社外にいる人材や退職者も検索対象にすることが可能です。

　ある会社では特定のポジションを入力すると、適合度の高い従業員が

レコメンドされるツールを導入し、適所適材の実現につなげています。これは、職務記述書に記載されている実務経験や能力などと従業員が登録しているデータを踏まえて適合度を算出するツールです。

◎社員情報の自動生成ツール

　「オポチュニティマーケットプレイス」や「タレントマーケットプレイス」において、精度の高い情報を提供するためには従業員が保有しているスキルや能力、資格、実務経験などを登録し、常に最新の状態に保っている必要があります。

　これまで多くの会社でスキル管理が試みられてきましたが、導入初年度に大号令をかけて情報の入力をするものの、2年目以降は過負荷によって更新が行われず、活用できないままになってしまうことがありました。

　これを防ぐためにメールやチャットの履歴などに基づくスキルタグの自動生成や従業員同士でタグを送り合う「**タレントコラボレーション**」というツールも登場しています。これは、「自分のスキルを登録・更新してもらう」という手間により頓挫した従業員のスキル管理を自動化する仕組みです。

◎受講者の都合に合わせられる学習支援ツール

　従業員の学習支援の領域も大きく変わりつつあります。1つは自分に適したコンテンツのレコメンドです。これまでは研修プログラムの一覧から自分に合いそうなものを探す方式でしたが、最近では動画配信サービスの仕組みを参考にして、トップページに「あなたのオススメコンテンツ」が表示されるツールが登場しています。そこには自分と似た職種や階層の人が多く視聴している評価の高いプログラムをオススメとして表示されるようになっています。これまでのツールが「LMS（Learning Management System：学習管理システム）」と呼ばれるのに対し、EX向上を実現するツールであることから「**LXP**（Learning Experience Platform：学習

体験プラットフォーム)」と呼ばれます。

　従来、研修は数時間から数日にわたることが一般的でしたが、日常業務の問題を解決し、便利にするためのすぐに知りたい情報を得るには効率的ではありませんでした。また、動画コンテンツを倍速で見る傾向があるなか、長時間座って聴講することは受講者には少なからずストレスになることがありました。

　そこで登場したのが、10分程度の短時間の研修コンテンツである「**マイクロラーニング**」です。これなら隙間時間を利用して学習でき、簡潔明快な内容により効率的で迅速な効果が期待できます。

　また、受講者個々の学習進度や理解度に合わせて、学習コンテンツや履修ペースを自動調整する「**アダプティブラーニング**」も普及しています。

エンプロイージャーニー④

組織を去る（Leave）

◎退職手続きやアルムナイネットワークに資するツール

　退職などで組織を離れるときの体験は、その会社への印象を左右する重要な要素だといわれます。在職中は良い印象を持っていたとしても、退職時に不愉快な体験があるとその会社にネガティブな感情が残りがちです。

　そこで、退職手続きを円滑にするための「**オフボーディング支援ツール**」が提供されています。オンボーディング支援ツールと同様にエンプロイージャーニーを設定し、退職手続きをスムーズに進めることで会社への印象を悪くさせないためのツールです。

　また、アルムナイ（退職者）のネットワーク形成を目的としたSNSツールの導入も増えています。これは、ユーザーリストとユーザー同士のメッセージ機能、掲示板など一般的なSNSツールと同等の機能があり、新規登録や所属先変更があれば随時メンバーに通知されたりするので、退職後も会社やそこで知り得た人たちとの交流が継続し、これにより会社への愛着が持続していきます。

テクノロジー活用３つのポイント

　ここまで紹介してきたように、HRテクノロジーツールは多種多様なものが登場してきており、その中から何を選択するか、自社に最適なツール選びのポイントを以下に３点示します。

◎「ツールを活用して何を実現するか」の明確化

　近年リリースされているHRテクノロジーツールはこれまでの人事システムとは違い、導入・運用に要する費用や手間が小さく、利用しやすいことが特徴の１つです。導入作業は数カ月、なかには数週間で可能なものもあります。導入や運用のコンサルティング費用はベンダー側の負担もしくはライセンス料に含まれるなど、ユーザーのコスト負担にも配慮されています。

　ただ、導入のしやすさから「とりあえず導入したものの活用できていない」状態にあることも多いようです。そのツールを活用して何を実現するのかが十分に整理できていないからです。

　また、ツールの導入に合わせて仕事の進め方やチームのコミュニケーションの方法を変えなければならないのに、それを怠ったことでうまくいかなかった事例も散見されます。

　まずはツールの導入にあたって、人材マネジメントや業務をどのように変えるかの成果を明確にし、そのために仕事の進め方やコミュニケーションの改革プランも同時に作成し、関係者と認識を共有して進めることが必要ということです。

◎最適なツールを組み合わせる柔軟性

　１つのツールで完結させることにこだわらず、自社の目的と照らし合わせていくつかツールを組み合わせることも検討します。

　ただし、ツールを増やすことで利便性が低下することがないよう、そ

のツールの必然性をシミュレーションするなどして検証します。また、導入時は先述の「iPaaS」の活用などにより切り替えをスムーズに行うことなどを検討します。

◎人事担当者のツール評価の「目利き力」

テクノロジーの動向（技術進歩）やツールの情報が日々変わるなかで、自社の課題に合わせて複数のツールを選択・組み合わせるために、これからの人事担当者にはテクノロジーのトレンドの理解とツールを評価する目利き力が必要になってきます。

「これまでのAIと生成AIの違いとそれぞれの強み・弱みは？」「生成AIは人事業務のどこに活用できるのか？」「複数ツール間でのデータ連携の問題はどのように解決できるのか？」といった質問に回答できるレベルの知識が求められます。

国内外の専門家が発信するSNSをフォローしたり、コンサルティング会社やシンクタンクが公開している調査レポートをチェックしたりといったことなどがあります。

従業員の声を収集する仕組みの構築

◎エンゲージメントサーベイの注意点

EXの向上に向けて、従業員が求める体験を提供するには従業員が会社や仕事に対して何を求めているのか、例えば人事施策についてどのように感じているのかといった本音を知らなければなりません。

EX先進企業の特徴に、社員向けのアンケートを適宜実施して従業員の声（VoE；Voice of Employee）を把握することに努め、それを踏まえて施策を柔軟に見直すことがあります。

従業員の組織への帰属意識などを定点観測する手法としてはエンゲージメントサーベイなどが有効ですが、筆者が人事担当者の方と会話する

なかでよく聞くのが、「エンゲージメントサーベイだけでは改善施策の検討が難しい」という声です。その理由を聞くと、エンゲージメントサーベイで従業員が不満に感じていることは把握できても、「従業員が会社に何を求めているのか？」「どの瞬間にエンゲージメントが下がるのか？」ということまではわからないと回答する方が多くいます。

その背景として、例えば「報酬に不満がある」という結果が出たとしても、報酬自体を引き上げてほしい人もいれば、報酬の根拠となる評価の妥当性を求める人もいて、人によって期待することはさまざまです。

従業員の期待や不満をはっきりと理解するには、組織全体の声を集めるエンゲージメントサーベイに加え、対象・領域を絞ったインタビューや設問を個々にカスタマイズして行うパルスサーベイも併用することです（図表4-6）。

個別のインタビューでは、エンゲージメントサーベイからでは把握しきれない期待・不満の生の声が確認できます。その際、エンプロイージャーニーマップを使って「どの場面で満足しているのか」または「どの場面で不満を感じているのか」を話してもらえると、問題点の改善の方向が具体化していきます。グループインタビューの場合は管理部門の担当者も同席しながらその場で一緒に改善策を話し合うことで、従業員は「私の声を聴いてくれている」とポジティブな気持ちが誘発されます。

EXに限らず組織変革の取り組みは、ポジティブで楽しいものであることが推進力を高める条件の１つであるため、そのプロセスと結果にポジティブさが感じられるように配慮することが大切です。例えば、会社の課題などを議論するのではなく、会社で働くことにはどんなポジティブな面があるのか、どうしたら良い体験ができるのか、といった前向きなことにフォーカスしたワークショップは有益です。

また、エンゲージメントサーベイは年1回全体向けに実施するだけでは不十分です。オンボーディング・異動・評価フィードバックなどのジャーニー単位や人事諸制度の見直しといったイベントごとなど、きめ細く実施することを検討します。

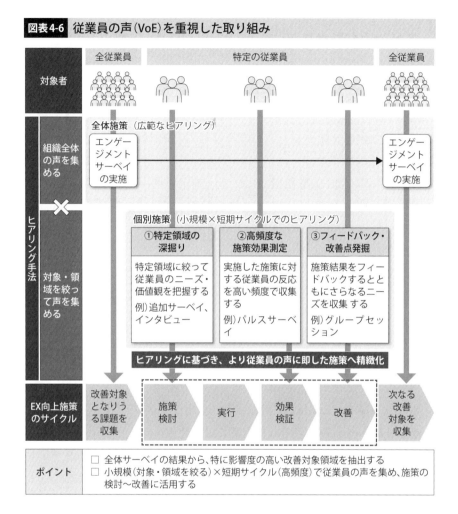

図表4-6　従業員の声（VoE）を重視した取り組み

　例えば、筆者が所属する組織人事コンサルティング部門では、オンボーディングの際に新入社員全員に個人が特定される形式で調査を行います。入社1カ月・3カ月・6カ月の節目のタイミングで調査を行い、組織にどの程度馴染めているか、何か困っていることはないかといったことを確認します。前回の調査からスコアが上なら問題ないですが、スコアに変化がなければ本人と面談し、必要に応じてオンボーディング担当者からのフォローやマネージャーへのサポート依頼を行っています。

EXに対応する組織・担当づくりと人事部門の変革

◎人事部門のスタンスがキーポイントになる

　EXの向上を会社全体で継続していくためには、管理部門全体でしっかりとした体制を組まなければなりません。PwCコンサルティングが実施した『エンプロイーエクスペリエンスサーベイ 2022-2023』ではEX担当者（兼任含む）を設置している国内企業は、回答企業142社のうちの37社（26%）でした。EX担当者を設置している企業は適宜EX向上策を施すことで、EX担当者未設置企業よりも従業員エンゲージメントが高いことがわかっています。

　なお、人事部門でその役割を担っていれば、必ずしも専任者を置く必要はないかもしれません。第6章の事例で紹介する企業の中にはEXの向上を人事部門のミッションとすることで特に担当者やチームを設定していないケースも見られました。

　また、EX向上への取り組みは人事部門に限定されません。例えば、入社時のオンボーディングでは人事とともに総務・経理・情報システムなど入社手続きにかかわる管理部門が連携します。EXは全社横断的に行う取り組みであるため、ある企業では従業員エクスペリエンスを高めるという共通目的から管理部門に設置したEX担当部署をカスタマーエクスペリエンスチームと合流させたエクスペリエンス部門を組織しました。

　EXをうまく推進するには、組織体制の構築と合わせて重要なことが人事部門のスタンスです。従業員は仕事そのものや働き方、社内の制度や施策に問題があれば、その解消や改善を人事部門を頼りにします。困っていることや悩みを真摯に聴き、すぐに対応してもらえることで従業員は組織の一員として認められていると実感できるものです。それがEXにつながっていきます。

第 **5** 章

EX向上のための
会社と上司の役割

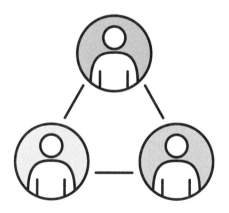

会社そして上司の役割

◎**従業員の自己裁量権を適切に保つ**

　EXの向上を図るうえでまず押さえておきたいのが、自分で自分のことを自由に決定できること、つまり「**自己決定**」です。そもそもEXは従業員自身が自らの体験をどう感じるかにより良し悪しが決まります。つまり、他者から指示されるのではなく、**自分自身の意志で自己決定できるかどうかがEXの向上における重要要素**ということです。それを裏付けるデータがあります。

　当時、独立行政法人経済産業研究所ファカルティフェローの西村和雄氏と同志社大学教授の八木匡氏が2018年に実施した国内2万人を対象にした幸福感に関する調査『幸福感と自己決定－日本における実証研究』では、幸福度に影響を与えている要素として「健康」「人間関係」に次ぐのが「自己決定」であり、「所得」や「学歴」よりも上位であることがわかりました。自己決定、つまり自分で人生の選択をすることで満足感が得られ、それが幸福感につながることを示す調査結果でした。

　このことを普段の会社生活で考えてみましょう。自分の意志に関わらず会社から与えられた仕事と自ら手を挙げて選んだ仕事では向き合い方が大きく変わります。

　人は自分のことは自分で決められることで、その結果がどうあれ、最終的にその選択に納得します。同じことをしていても、それが他人の決定に従うことと自分で決定したことではその体験は大きく変わってくるということです。

　昨今はオフィス回帰をする企業が増えてきましたが、それに伴い従業員に興味深い反応が見られました。会社が在宅勤務において「週2日は出社」などと条件付けしたことに反感を覚える人が予想外に多く出たこ

とです。これはEXの観点でいえば、「出社日数」を会社が選択肢を示し、従業員が自分で決定するという「自己決定」を重視するのではなく、会社が一方的に決めて従業員が従うという「会社決定」の構図にしたことより生じた抵抗感です。

　会社にはそれぞれ特有の方針やルールがあり、会社が強制力をもって進めなければならないこともあります。しかし、EXを高めるうえでは会社の決定範囲と従業員の自己裁量のバランスを適切に保つ必要があります。従業員を代替のきく「人材」として捉えるか、唯一無二の「人財」として捉えるかにより、そのバランスの取り方が変わってきます。

◎心理的契約を満たす

　EXは従業員の主観次第で良くも悪くもなります。その良し悪しの判断基準となるのが、「**心理的契約**」です。心理的契約とは、雇用主と従業員が共有している暗黙の期待のことです。正式な契約ではないものの、従業員には契約に準じた強い期待になります。従業員が心の中で捉えている「ウチの会社はこういう会社である」という企業像は、心理的契約の一部です。

　従業員は、心理的契約が守られれば良い感情を抱き、破られれば失望や落胆などの感情を抱きます。心理的契約に反した体験は、ネガティブな体験として認識されるのです。

　心理的契約による軋轢がよく起こるのが、リストラの場面です。リストラの話が持ち上がると、「会社は雇用を守ってくれると期待していたのに」「社員を大事にしない会社だったのか」といった批判的な声が出はじめます。

　長期的な雇用の保証は雇用契約により絶対的に保障されているものではありません。しかし、これまで雇用を継続してきた実績や経営陣のメッセージ、退職金や福利厚生など長期勤続を前提とした処遇などから、従業員は「長期雇用は当然のもの」と暗黙のうちに期待しているものです。だからこそ、心理的契約に反した施策が取られると、大きな落胆や

失望が起こるのです。

　企業が希望退職を募ると、優秀な人材から辞めていくこともよく聞くところです。残ろうとすれば残れるのに自分の意志で出ていってしまうのは、心理的契約が破られるからというのも理由の1つです。
　自分がお世話になった先輩社員たちが辞めさせられる、仲の良い職場の雰囲気が損なわれる、経営陣が信頼できない――。自分が期待していた心理的契約が暗黙のうちに破られると、会社に裏切られたと思いがちになります。自分の意志で辞めていく人材はいつでも外で活躍できる人材であり、処遇や雇用の安定より働きがいや内発的動機を大事にします。思いやりのない行動で「心理的契約」を破棄する企業は、心理的な信頼関係を重視する優秀な社員を"暗黙のうちに"追い出すことになるのです。

　では、心理的契約を満たすためには何が必要になるのでしょうか。端的にいうと、言行一致を徹底することです。
　企業が掲げるパーパスやミッション、ビジョンがあったとしましょう。重要な経営戦略上の意思決定から、日常的なマネジメント、個々の制度やその運用にいたるまで、すべては一貫した考え方に基づいてなされなければなりません。
　例えば、「顧客ファースト」を掲げるのであれば、ありとあらゆる意思決定は顧客を最優先することです。それを徹底してはじめて、従業員は「この会社は真に顧客を大事にする会社である」と実感し、心理的契約が満たされることになります。

　また、経営陣やマネジメントから発せられるメッセージは、すべて心理的契約として受け止められることに留意しなければなりません。できないことは言わない、言ったことは必ず実現させるということです。有言実行は信頼感の礎になるものです。

　それが、経営陣やマネジメントはきれいごとを言いながら、その裏で姑息なことをしていれば、大なり小なり従業員は見抜くものです。ビジョナリーカンパニーとして知られる企業ほど、経営陣がビジョンの信奉者としての言動を率先しています。それが従業員の心理的契約を満たすことにつながっているのです。

◎ 心理的安全性を高める

　EXを意識した施策を行ってみても、従業員が「良い体験」と認識しなければEXの向上にはつながりません。

　例えば、豪勢な社員旅行を企画したとしましょう。そこで「休みの日まで会社の人と一緒にいたくない」「旅行するお金があるなら給与を上げてほしい」「上司や年長者に気をつかうので嫌だ」といった不満の声が多く出れば、社員旅行自体がEXの阻害要因になります。ただ、不満の声を公言できることは、ある意味風通しの良い職場かもしれません。沈黙のうちにEXが毀損されていることはよくあることです。

　EXを高めるには、従業員が本音を言えることが重要です。

- ■ 嫌なことを嫌と言える。
- ■ 会社に支援してほしいことを表明できる。
- ■ 会社を良くするための批判的な意見がマイナスになるどころか歓迎される。
- ■ 従業員の意見が施策の立案や見直しに反映されやすい。

　このように、組織内で自分の考えや気持ちを誰に対しても安心して発言できる心理的安全性がEX向上には欠かせません。

　ただし、心理的安全性は、どのようなことをしても許されるという「ぬるま湯」とは違うことには注意が必要です。あくまでも「チーム」のための行動であることが前提です。「自分」のためになる意見ではなく、「チーム」のためになる意見であればそれが批判的であっても真摯に受け止め、軋轢を生まないということです。

上司や周囲の意向に沿わない意見が言下に否定されて萎縮するようだと心理的には"非"安全であり、職場で本音の意見が出せなくなります。こうしてメンバーが意見や感情を胸の内にしまいこむようになると、表面的には問題は見えなくてもEXは損なわれていきます。

　心理的安全性を高めるためにまず行うことは、上司がメンバーの意見を常に聴く姿勢を持ち、積極的に意見に向き合うことです。会社や上司の方針と異なる意見も1つの視点として受け止め、意見してくれたことに感謝を示し、それをどう取り扱うかを検討することです。意見を聴くだけでなく、検討することが大切になります。もちろん、どんな意見も受け入れるということではありません。検討する際の判断の根拠やプロセスをオープンにフィードバックすることで、従業員の納得感は高まります。こうして、本音を言いやすい職場環境、つまり「風通しの良い」職場をつくっていきます。

　ある会社では、イントラネット上に会社への意見が匿名で寄せられる「目安箱」を設置しています。社長がすべてに目を通し、社長としての回答をオープンにする取り組みを行っており、多くの意見が寄せられるそうです。なかには答えにくい質問もあるそうですが、社長が真摯に回答していることもあり、従業員からは多くの支持を得ているそうです。

◎上司と部下の信頼関係のあり方

　EXの大原則は、従業員1人ひとりが意志や感情を持つ人間であることを会社全体で認識し、1人ひとりの感性や個性が尊重される職場づくりに従業員全員が関われるようにすることです。それにはまず、マネジメントの意識改革が重要です。

- メンバーは会社の業績をあげるだけの人員ではなく、会社の重要な人財であること
- 酷使して価値をすり減らすことがないよう、成長をサポートしてその人の価値を高めていくこと

■ 従業員1人ひとりに敬意の念を持つこと

　マネジメントの役割を担う人はこうしたことを基本思想として持ち、メンバーとコミュニケーションをとることが習慣になっていないといけません。

　もちろん、上司はメンバーの召使いになれということではありません。メンバーが間違っていたら、正すのが上司の役割です。メンバー1人ひとりに寄り添う上司であることも大事ですが、正しさを曲げてメンバーに迎合することはありません。メンバーの意見や感情をくみ取る懐の深さを持ちつつも、一貫性や厳格さも併せ持つことが必要です。

　そこで考えたいのが、上司とメンバーの「信頼関係」のあり方です。上司はメンバーに敬意を持って接し、メンバーを信じて任せていく。メンバーの成長のために、指導や支援・調整なども厭わずに行う。メンバーは上司の信頼を受けて、自律的に仕事に邁進する。このような信頼で結ばれた関係性が上司とメンバーのありたい姿です。

　実際には、マネジメントの中には「ボス猿意識」から抜けきれない人もいます。そのような人が上司となる組織は信頼関係ではなく、緊張関係でメンバーを支配します。そうした上司自体が職場全体のEXの低下の根源ですから、そもそもマネジメントには向いていないと会社が判断しなければなりません。その判断ができない会社ではEXは向上しないでしょう。

　EXが会社に広がるには従業員から「選ばれる職場」になることです。そして、**「選ばれる職場」になるためには、信頼を土台にした「選ばれる上司」になることをマネジメントが常に意識**していることです。

　次項からはこれまで言及してきたことを踏まえ、会社や上司が留意すべきEX向上のための留意点を6つの領域ごとに解説していきます。

リクルーティング／オンボーディング
── 選ばれる企業になる・組織への適応を支援する

Point 1 入社前の期待と現実のギャップを生まないようにする

　新入社員が入社前に抱いていた期待と現実のギャップに戸惑いや不安を感じる状態を「リアリティ・ショック」といいます。学生生活から急に社会人生活に変わる新卒社員が陥りやすいといわれ、ゴールデンウィーク明けのいわゆる「5月病」はその症状の1つです。

　リアリティ・ショックは何も新卒社員にかぎりません。転職サイトを運営するエン・ジャパンが正社員としての転職者を対象に毎年実施している『入社後ギャップ調査』では、2017〜2022年において年間20〜25%（平均24.5%）の人が入社前後の期待と現実にギャップがあると回答しています。つまり、4人に1人はリアリティ・ショックを受けているということです。同調査では、リアリティ・ショックを受けた人の約半数（51%）が転職に満足しておらず、同じく約半数（52%）が3年以内の退職を考えているという結果が出ています。

　せっかく、採用コストをかけて優秀な人材を採用しても、これでは無駄になります。

　例えば、リアリティ・ショックには次のようなものがあります。

- 残業代支給ということだったが、時間外手当がみなし分として給与に含まれていた。
- 残業は少ないと入社前に聞いていたが、業務量が膨大で残業や休日対応をせざるを得ない。
- テレワークが可能と聞いていたがほとんどの人が出社しており、テレワークができない。
- 手厚い研修や入社フォローがあるとのことだったが、実際は放置状

態になっている。

- 事務の募集に応募して入社したが、担当顧客を割り振られ、営業の仕事をさせられた。
- 社員を大切にする会社ということで入社したが、オーナー社長の気分ひとつで方針が変わり、会社全体が右往左往させられている。

　確かに、就職や転職では働いてみないと実際のところはわかりません。しかし、事前に伝えられていた話とはあまりにもギャップがあれば、「騙された」「信用できない」と思うのが自然です。

　こうならないためには、入社前に伝えるべきことは包み隠さず開示することです。

　1970年代に米国の産業心理学者であるジョン・ワナウスが正しい採用のあり方について提唱した「**RJP**」という考え方があります。RJPとは、Realistic Job Preview（現実的な仕事の開示）の略で、あらゆる情報を求職者に歪めることなく伝えていく採用のあり方のことです。当時の米国企業の多くは、求職者が募集企業に良いイメージを抱くように美辞麗句の条件を積極的に発信して人を集め、その中から優秀な人材を採用する方法が一般的でした。当然、そこにはギャップが生まれ、会社と求職者の双方にとって残念な結果になることが多かったそうです。そこで提唱されたのが、RJPでした。

　人材の流動性が低かった頃の日本の採用市場は企業側のパワーが強かったといえますが、転職が徐々に増え、現在は求職側のパワーが強くなってきました。特に少子高齢化の進展に伴い、多くの業種で"売り手市場"の様相が強くなってきました。また、SNSや社員クチコミサイトの普及で企業の実態も把握しやすくなりました。

　こうした状況において企業はRJPへの注力を余儀なくされています。**RJPの基本はオープンな情報開示です。できれば、企業と求職者がリアルな接点を持って相互理解を行うことです。**就活生であればインター

ンシップを利用できますが、それができないキャリア採用の場合は採用のプロセスを工夫することが大事です。

あるIT企業では「コーディング面接」という採用方法を行っています。同社のソフトウェア開発は上司と部下が画面を共有しながら開発を進める「ペア・プログラミング」という手法を使っていますが、「コーディング面接」はその仕組みを面接に取り入れたものです。これにより面接担当者が本人とペア・プログラミングでソフトウェアのコードを書くことで、双方のスキルのレベルや相性などが面接の場で体験することができます。

また別の企業では、一定レベルの選考プロセスを通過した応募者に10回を上限に現場の社員と面談できる「面談パスポート」を発行し、会社の雰囲気や働き方、求められるスキルなど双方の理解レベルの向上を図っています。これは「選抜」ではありません。現場の社員は会社の良いところもそうでないところも自分の思うままを伝えるように求められるそうです。結果として、応募を辞退する人もいるそうですが、ミスマッチを未然に防ぐ意味で会社として応募辞退をむしろ歓迎しているとのことでした。

Point 2 オンボーディングを導入する

新入社員にとって早く職場に馴染むことが働きやすさを実現するための第一歩です。受け入れる職場も早く溶け込んで欲しいと思うものですが、それに有効な施策が「オンボーディング」です。

オンボーディングとは、新しい仲間の職場への順応を促進する取り組みのことであり、乗り物に乗り込んでいる状態を意味する「on-board」が名前の由来です。この由来のとおり、新入社員が「同じ船に乗っている」ような感覚を持ちながら職場の仲間と良い関係性を築き、気兼ねがない自律的な働き方ができることを狙いとしています。

逆に、オンボーディングのような取り組みがなく、職場全体としての受け入れ姿勢が感じられないままだと、新しい人間関係や仕事の中では

しばらく孤立感に苛まれることにもなりかねません。

［オンボーディングがない例①］配属初日を終えたら放置状態
- 配属初日に紹介された後は与えられた業務を粛々と進めるのみで、仕事で接点がある社員以外とはほとんど会話がないため、メンバーの顔と名前を覚えられない。
- 「何かあったらチャットでもオンライン会議ででも相談してください」と先輩から言われたが、先輩のスケジュールがびっしり埋まっていて遠慮してしまい、わからないことがあっても聞くことができない。

［オンボーディングがない例②］聞かないと教えてくれない
- オフィスのコピー機や食堂利用、共有サーバーやオフィスツールなど、基本的なことへの案内がほとんどなく、自分でやってみるか周囲に聞かないとわからない。
- 困っていても自ら助けを求めるまでは手助けしてくれない。

［オンボーディングがない例③］無意識の排除
- 社内固有の用語が多く、仕事の話題についていけない。
- 入社歓迎会が人によって行われたりそうでなかったりする。
- 新卒の社員は「できなくても仕方ないよね」という姿勢で教育されているが、中途入社の社員は経歴やスキルに関係なく「当然できるよね」という姿勢で見られる。

　以上の例は悪意があるわけではありません。現場の社員からするとオンボーディングのような施策を経験したことがないため、新しく入ってきた人をサポートするのは自分の役割かどうかがわからないだけのことが多いものです。無自覚であるということですが、それが新入社員にとっては「受け入れられていないのかも？」という不安を募らせることになります。

このようなオンボーディングに対して無自覚な職場では、成り行きに任せていても事態は解決しません。組織をあげて、「歓迎」の意を示すオンボーディングに取り組む必要があります。

ある会社では、オンボーディングにより、次のような取り組みを行っています。

- 配属初日は、必ず直属上司および同僚での受け入れミーティングを対面で実施する。
- 入社後1週間は、職場の全員とオンラインで1on1のミーティングがアレンジされており、お互いに人となりを知る機会がある。
- 入社半年はバディ（新入社員1人に先輩社員1人がつく取り組み）を任命し、週1回の1on1を基本として、新入社員のわからないことや不安を気軽に話せるようにする。
- ランチ補助費を支給し、新入社員を含めたランチ会を配属後にバディがアレンジする（上司は実施状況をモニタリングし、行われていないようであれば、バディに働きかける）。
- 会社の用語・ルール集は整理して、イントラネットに載せるようにする。
- 年初のキックオフミーティングや重要会議は録画し、誰でもアーカイブ視聴できるようにする
- 入社1カ月後・3カ月後・6カ月後はオンボーディングアンケートと人事部門との個別面談が行われ、サポートの過不足がないかが確認される。

オンボーディングでは、新しく入った人が自分から声をかけなくとも、自然と周囲に気兼ねなく相談できる環境を整えることが大事です。「すみません、教えてください」と周りの人に声をかけること自体が、新入社員には心理的抵抗になるのです。入社後しばらくは「おせっかい」が過ぎるくらいが丁度いいかもしれません。

入社直後からイキイキと働ける職場は、良い意味で刺激的であり、イ

ノベーションを生みやすい環境です。そして、職場のマンネリ化を未然防止し、学びと変化にポジティブな職場風土へとつながります。

Point 3　暗黙的なルールは廃止または明示化する

　会社ごとに文化や風土があるように、職場にも独特のルールや慣習があります。こうしたことは暗黙的なものであるため、新しく入ってきた人にはわかりにくいものです。

[残念な例]

相談を受けていた来週の顧客先での提案資料、良くできていると思うよ。今週中に上の確認を取ってもらえれば十分なので、進めてください。わからないことがあれば、すぐに言ってね。

はい、承知しました。
（上の確認というと…、ナカガワ課長に報告しておけばいいということだな）

（後日）

提案資料の件、どうした？　ナカガワ課長とヤマモト部長は承認してる？　提案は明日だけど…。

えっ、ヤマモト部長の承認ですか？　上の確認と言われたのでナカガワ課長には承認いただきましたが…。

ナカガワ課長だけじゃダメだよ、誰からも聞いてないの？　ヤマモト部長は親会社からの出向者で定期的に親会社に報告しているんだよ。でも、ナカガワ課長より年下で、お互いにそりがあわないから、両方に別々にお伺いを立てないといけ

ないんだよ。今からヤマモト部長のアポ取れるかな…、忙しい人だからちょっとまずいな。

その承認ルート、誰からも聞いてなかったです。そんなにまずいですか？

んー、言わなくても普段の業務を見ていてわかってると思ってたよ。早く承認してもらわないとまずいから一緒にヤマモト部長のところに、すぐに行こう。

はい…、わかりました…。

　会社や職場特有の意思決定プロセスや暗黙的なルール・慣習は、その組織に馴染みのない人にとっては奇異に映ったり、戸惑いの要因になったりするものです。それが会社としての絶対的なルールであれば、そのことを知らなかったとしてもそこから逸脱した行為は周囲から冷ややかに見られたり、場合によっては上司から注意されることにもなります。うっかり“地雷”を踏むような暗黙のルールです。

　このような会社特有の暗黙のルールは会社に慣れるに従いわかるようになりますが、そこに至るまでには「何をしたらいけないのか？」「何を知っておかなければならないのか？」といったことで不安や戸惑いを抱きながら仕事をすることになります。心理的安全性からすると問題のある職場環境といえます。

　「新しい環境で頑張ろう！」とする新入社員にとって、いきなり“地雷”を踏むと、スタートダッシュで躓くようなものです。そうなってしまうと、なかなか奮起が難しく、低空飛行を続けることになってしまいます。組織としては、このような成長を妨げる「暗黙のルール」はできるかぎり無害化していくことが必要です。

　暗黙のルールというわけではないですが、気づかぬうちにやってしまった失敗事例を共有することで、うっかり"地雷"を踏まないことにつながる取り組みを行っている会社があります。

　この会社では、若手社員の挑戦意欲を喚起するために先輩が自虐的に失敗談を明かす「しくじり先生」という社内活動を行っていました。これが意図したこととは違った形で働きやすさと社内コミュニケーションを生み出しました。

　例えば、社員同士の案件のやりとりはメールではなくチャットにすることが通達されたので役員にも決済の件でチャットしたら猛烈に叱られたとか、スピード優先のため通常ルートではない路線で移動し交通費精算したら100円単位の経費をめぐり経理部と揉め事になった──。

　こうした「社内あるある」ネタが社内イントラネット上の掲示板にアップされました。そもそもは失敗ネタを反面教師にしてもらいたいということでしたが、新入社員には社内事情を知る良い手引きになったのです。加えて、暗黙のルールが暗黙でなくなったこと、そしておかしなルールは見直そうということにも発展しました。

　特に新卒や中途の新入社員は職場に慣れるまで、「絶対に失敗したくない」と気負いながら周囲に配慮します。そうした人たちが職場にはなんとなく暗黙のルールがあるようだと感じたら、その"地雷"を踏まないよう必要以上に注意を払うようになります。これでは心理的安全性が充足されている職場とはいえません。

　伝統的に職場のルールとして尊重されてきたとしても、外部の目から見たら明らかにおかしいと思えるようなことは会社にとってマイナスだと判断し、改善していくことです。

　新しく仲間になる人たちがすぐに組織に馴染み、イキイキと活躍できることこそが心理的安全性が確保され、EXが充実した職場といえるのです。

Point 4 「配属ガチャ」が起きない配置に留意する

　新卒一括採用を行ってきた日本企業では、配属先は会社が専権的に決めるのが一般的です。本人の希望は聞くことはあっても、会社の欠員状況や適性などを考慮し、総合的に会社が判断します。都内勤務を希望しても、地方勤務になる。スタッフ部門を希望しても、営業に配属になる。配属はどこになるのか運次第なのが「配属ガチャ」です。

　就活サイトのマイナビが実施した『マイナビ 2023年卒 入社半年後調査』では、希望どおりの職種に配属された割合は有効回答数727人のうちの約7割でした。ジョブ型採用という職種別採用が広がってきたとはいえ、まだまだ希望どおりの職種につけない人が一定数いるのが実態です。

　キャリア採用の場合、基本的には勤務地や職務内容が示されての採用のため、「配属ガチャ」が起こることは稀です。会社は従業員を雇用するにあたり、労働条件通知書を発行し、労働条件を明示する義務があります。しかし、それでも入社してみると、事前に聞いていた話と違うということがあります。

[残念な例①] 上司の社内制度の認識不足

　就学前の子どもがいるＡさんは海外駐在を終えた夫と帰国したのを機に、就職活動を開始した。育児があるため時短勤務制度のある会社を条件に候補先を絞り、そのうちの1社の面談で「ウチはワーキングマザーが多く、時短勤務の方もいるので安心してください」と、上司にあたる人から言われて入社を決めた。

　しかし驚いたことに、入社直後に人事の人から「時短勤務は1年以上の勤続の人が対象です」と言われたのだ。慌てて上司に確認すると、「そんなルールがあるとは知らなかった」と返されるだけだった。

［残念な例②］ 期待されたはずの経験と能力が活かせない

　留学や海外赴任の経験があるBさんは上司との人間関係がうまく
いかず、転職を検討していた。おりよく、海外事業を積極的に展開
したいという企業に転職する機会を得た。Bさんは語学力や海外経
験が活かせると期待しており、会社も同様の考えのようだった。

　しかし入社してみると、海外事業への社長の思いは強いものの、
具体的な計画がなかったことを知る。取引先は国内中心で英語を使
う仕事はほとんどなく、あったとしても書類の手続きに必要な翻訳
程度に限られ、この先に不安と不信が入り混じり、後悔の念に苛ま
れることとなった。

［残念な例③］ 面接時の説明と違う配属

　機械メーカーに設計・開発として中途入社したCさんは、これま
でのエンジニアとしての領域でキャリアを築いていきたいと考えて
いた。面接で会社はその意向に沿って設計・開発の要員として採用
するとのことだった。

　しかし、実際に配属されたのは営業部門の技術営業職だった。そ
こでは顧客先からヒアリングをし、開発要件や見積もりを作成する
業務が中心だった。人事部に抗議したものの、聞き入れてくれない。
同僚によると、会社が顧客への技術的対応力を強化する方針のもと
技術人材を営業部門へ配置するケースが増えているとのことだった。
Cさんは早くも転職サイトに登録をはじめたのだった。

　上記のケースはやや極端かもしれませんが、実際に働いてみて初めて
現実を知るということは少なからずあり得ます。新しい職場での期待感

が高すぎると、ちょっとしたことでギャップを感じることになります。ここで期待が高いほうが悪いということにせず、そのギャップを埋める努力をすることが従業員の働きやすさを考える会社の正しい姿勢です。

　そのために取り組みたいのが、新入社員の不満や不安を聞いて改善する仕組みです。メンターやバディを制度化するのも手段の1つですが、ここはもう一歩踏み込んで、より良い体験へとつながる施策を考えます。

　ある会社では、1人の新入社員に対して、上司・メンター・バディ・人事部の4者がチームでフォローする体制を作りました。入社後10カ月間は定期的なフォロー会議を行い、働き方や仕事内容に不満や不安があれば、どう改善するかを話し合います。その結果によっては担当業務を変えてもらうこともあるそうです。採用面談時に問題があったとなれば、採用プロセスや面談者の入れ替えの検討がなされます。

　それとは別の会社では人事部長が入社2年後に新入社員全員と面談し、キャリアの要望を聞くようにしています。新卒や中途入社を問わず、2年間職場でどのような経験や体験を行ったかをヒアリングしたうえで、その職場でのキャリアを継続するか、別の職場を経験してみたいかといったことなどを確認する目的の面談です。そして、本人が望めば異動の調整を行います。

　理想と現実は十人十色です。入社前のコミュニケーションを充実させても、実際に働きはじめてみると、人によっては「リアリティ・ショック」を受けるかもしれません。このことを前提に、**新入社員の不満や不安を察知する仕組みを作り、改善策が速やかに実行できるようにしておくことが安心して働ける職場**といえます。

6つの領域別運用 ②
キャリア・スキルディベロップメント
── 成長への手厚い投資

Point 1 挑戦意欲を刺激する仕組みを作る

　適度な成長実感があることで、仕事に対する充実感が感じられるようになります。特に、難しいことに挑戦してそれが達成できたときはなおさらです。体験学習理論では、学びに適切な環境を3つのゾーンで説明しています。

- コンフォートゾーン：挑戦する必要のない快適空間
- ストレッチゾーン：さまざまな未知のものとの出会い、ストレッチな挑戦が必要な空間
- パニックゾーン：未知のものとの出会いが頻出し、対処しきれない混乱に巻き込まれる空間

　これを働く環境に当てはめると、コンフォートゾーンは順調に仕事をこなすことができますが、退屈で成長のない職場です。入社直後は目を輝かして仕事に取り組んでいたのに、数年経つと仕事がマンネリ化し、毎日の仕事を大過なくこなしていく状態は、いわば"ぬるま湯"です。ぬるま湯状態にある職場の行き着く先は、「仕事がつまらない」です。

　ストレッチゾーンは、適度に背伸びをして挑戦ができる職場です。成功と失敗の確率が五分五分であり、努力しないと失敗に転じます。このゾーンが最も学習意欲や充足感を高めます。例えば、競合も参加するコンペに参加し、社内で知恵を出し合ってできるかぎり最高の提案をする。社運を左右する新事業の担当となり、いくつものトラブルを乗り越えて市場投入する。こうした努力や緊張が伴う仕事には、「なんとか達成し

たい」と自ずとモチベーションが上がるものです。

　パニックゾーンは、突発的な出来事が頻繁に起こり、しかもその対処が困難を伴い、緊張感が継続する職場です。クレームが相次ぎ、ストレスやプレッシャーに苛まれて学びを得るような余裕がない状態です。

　ぬるま湯のコンフォートゾーンに長く居すぎると大きな成果を得ることに挑戦してリスクを冒すより、確実に成果をあげられる安定性を大事にするようになります。職場に予定調和とマンネリが広がり、変化には激しく抵抗することはあっても、成長には極めて消極的な組織風土となってしまいます。

　組織と個人の成長という観点からすると、ストレッチゾーンが望ましい姿です。例えば、上位者の業務や役割をその下にいるメンバーに計画的に受け渡す、1つの課題をクリアしたらその上の課題を与える、といった少しずつストレッチ（背伸び）できる業務や役割を着実にこなしていくことで挑戦と目標達成の喜びが享受できるようになる職場風土ができあがっていきます。

　また、業務内容や役割を変えなくても、第2章で説明した「**ジョブクラフティング**」の考え方を職場に促すことで仕事への意欲が喚起できます。ジョブクラフティングは、仕事の担い手自身が自分なりに手作り（クラフト）するように仕事に変化を加え、自分らしいやり方で仕事ができることです。

　仕事は自ら考え、自分で決定できることで面白さが感じられます。自分が作った資料で顧客提案を行い、成約に結びついた。自分が企画した製品が市場に投入された。こうした自らの仕掛けによる体験が仕事への没入感を増幅させます。そして職場全体がメンバー自身の創意工夫が尊重されることで、働きやすさがより一層実感できるようになります。

　ある会社では、全従業員がストレッチした仕事に挑戦することを意図

して、「チャレンジ・シート」というフォーマットを使いながら上司と定期的な面談を行っています。「チャレンジ・シート」は部門ごとの「人材育成会議」で共有され、本人の挑戦意欲を汲んだアサインメントが行えるようにしています。そして、挑戦したことについての振り返りも定期的に行い、挑戦が成功したら次の挑戦へと進み、失敗には改めて挑戦の機会が与えられます。この取り組みはエンゲージメントサーベイの結果に現れ、仕事へのコミットメントが高まっていることがわかりました。

「水は低きに流れ、人は易きに流れる」といわれるように、"ぬるま湯"状態に浸かっていると成長の機会を失い、働く喜びが低減していきます。するとそれが職場への不満へと転化します。人は少なからず成長実感があることで、働く意欲を刺激していくものです。

成長を本人任せにせず、職場全体でサポートすることは働きやすさにもつながっていきます。会社や上司はそのことを意識して、働く環境に配慮することが今後さらに重要になってくるはずです。

Point 2　部下の自律性が発揮できる支援を行う

部下が自律的に成長するように支援するのが上司の役割ですが、部下に手本を見せればいいとばかりに必要以上に仕事を手伝ったり、部下には処理できないと決めつけて部下の仕事を代行したりすることで部下指導をした気になる上司がいます。これでは、部下は成長どころか仕事を覚える機会を得られず、成長実感を抱けなかったり、上司依存になってしまったりして、成長意欲や自律性を損なうリスクが生じます。次のようなことをする上司がいる職場ではスキル開発の面で問題があります。

- 部下に指示した分析結果が粗かったので、上司が全部自分でやり直して、本人に「これを見て勉強しなさい」と戻した。
- 会社への報告資料の作成を指示したものの、報告に足るレベルではなかったので、本人の確認なしに上司が修正して会社に提出した。

■ 教育的配慮から顧客へのプレゼンを部下に委ねたが、思うようにいかず、途中から上司が代行してその場を収束させた。

部下に「正解」を見せるのではなく、「正解」に至るプロセスを学べるようにすることが本来的な成長支援です。上司は部下に期待する成果をどのように出せばいいのかを体系化や言語化し、部下にそこから学び取ってもらうようにすることです。

　ある企業では、数多くの実績を有するトップ営業が定年間近になったことでその人の技能を言語化することに取り組みました。叩き上げから大規模な案件をいくつも受注し、顧客から指名されるほどの経験則を営業全体で共有しようと本人から聞き書きを行いました。それは営業にとどまらず、会社にとって有益な教訓ともなりました。以下がその一例です。

■ 初見の顧客はチャンス。知ったかぶりの素振りで話そうとせず、「教えてください」という姿勢で相手から話してくれる状況を作る。
■ 顧客の社内政治や人間関係のパワーバランスを知る。直接の交渉相手が了解しても、その先で反対されるかもしれない。相手先の意思決定はどうであるかを聞き出し、決定権者が誰かをよく知ることが大事。
■ 提案は顧客と一緒に考える。関係性ができている相手には、「弊社が受注するには何が必要でしょう？」と率直に聞く。普段から関係性を強くしておけば、相手は親身になる。

　こうして、トップ営業のスキルを言語化したことで、営業部署内では勉強会のようなコミュニケーションが活発化することになりました。

　上司は部下を育てるというよりも、部下が自立できるように自ら育つように支援することに注力しなければなりません。これにより部下は成長実感を持てるようになるのです。

Point 3 **自発的に挑戦する職場環境にする**

　学びは、時間と労力の投下量に合わせて比例的に習熟するものではありません。初期段階では新しい知識や考え方のキャッチアップに苦労します。その段階を抜けると、ペースやコツをつかんで一気に習熟度は加速します。そして、一定の習熟度に到達すると、成長は鈍化していき、やがて学びは高止まりします。

　これは、長期記憶が時間の経過とともに忘却していくことを実証した「忘却曲線」で知られるドイツの心理学者ヘルマン・エビングハウスが1885年に提唱した「**学習曲線**」でも証明されています。エビングハウスの実験によると、学習の初期段階の「準備期」には成果を出すために一定の時間が必要であり、それを経て「発展期」にはそれまでの成果が現れはじめ急速に成長しますが、「高原期」に至ると成長スピードが鈍化しモチベーションが下がり出します。「高原期」をうまく乗り切れば再び「成長期」に移行しますが、そのまま放置すると成長は止まります。

　仕事でもこの理論が当てはまります。新しい仕事や顧客を担当するようになると、最初は戸惑うことが出てきます。ある程度の試行錯誤を重ねていくと、いろいろなことがわかってきて、これまでできなかったことができるようになります。いわゆる伸び盛りで、成長実感を最も得られる時期です。この状態が持続することで安定感が出てきますが、そこに安住するとパフォーマンスは下がっていきます。

　成長のない仕事を続けていると慣れや慢心が生じはじめ、仕事への意欲が低減していきます。こうした状態に陥らないようにするには、新たな課題に挑戦する機会を増やすことです。これは会社から与えられるよりも、本人が内発的に挑戦することがより有効です。自律的に学ぶことは自身の問題意識を深めることになりますし、何よりも学ぼうという自発的な動機はモチベーションを高め、働くことへの意欲も湧くからです。

　ある会社の役員は、国際会議に中堅社員を意図的に連れていき、学び

の環境を提供することを心がけているそうです。海外での体験はそれだけでも刺激的です。また、世界のリーダーたちのチャレンジングな姿勢を目の当たりにすることで大いに刺激を受けます。「高原期」段階に止まっていた中堅社員はこれをきっかけに再び「成長期」に移行することも多いとのことです。

　筆者の所属する職場でも、有志を募りラスベガスで開催される世界最大級のHRテックのイベントに自費で参加することを続けています。自発的に世界のトレンドを体感することで、その充実感と多大な刺激が帰国後の仕事へのモチベーションを大いに高めてくれます。

　「外に出ていく」というのは、まさに非日常体験です。普段、味わうことのない新たな刺激を受けることは、本人の記憶に長くとどまります。オンライン会議が増えてきた昨今、外でのリアルな体験を持つことは、従業員の体験価値そのものを大きく引き上げます。例えば、「あのとき、海外に連れて行ってもらえた」というのは、長期記憶として従業員の中に残り、そのとき得た刺激や感謝は長く続きます。

　成り行きに任せていては、挑戦する機会は巡ってきません。挑戦しなくなると成長は止まりますし、仕事そのものの興味が失われていきます。仕事を自分流に楽しめるようにするためにも、組織として挑戦する機会が得られる職場環境にすることが重要です。

Point 4　行動変容につながるフィードバックを行う

　フィードバックは、相手の行動に対して評価や助言を伝えることで、それにより成長や行動変容を促すことに主眼が置かれます。フィードバック（feedback）の語源は「feed（養分・食べ物）」と「back（戻す）」であり、成長を促すために養分を戻すことです。よって、相手が前向きに改善に取り組むようでなければ、フィードバックとはなりません。

　しかし、フィードバックが部下のやる気を削いだり、上司・部下の関係性が壊れてしまったりすることがあります。そのことに気兼ねし、

フィードバックを穏便に済ませてしまうことも見られるようになりました。

　管理職研修での参加者の声として、「部下に至らないところがあっても自分（上司）がその分をカバーすれば丸くおさまる（だから良い点しか伝えない）」「叱って部下がやる気をなくすのが怖い」という意見をよく聞きます。部下の改善点をフィードバックしない「優しい上司」が確実に増えていると感じます。

　人材育成において有名な法則に「**ロミンガーの法則**」があります。これは、米国のリーダーシップ研究機関ロミンガー社がさまざまな経営者を対象に**「何がリーダーとしての成長に役に立ったか」**を調査したところ、**経験が70%、他者からの薫陶が20%、研修・書籍が10%**であったという法則です。薫陶とはつまり上司からのフィードバックです。

　上司から「耳の痛い話」をされることで、自分の課題に気づかされ、殻を破ってリーダーとして大きく成長することはよくあることです。上司からのフィードバックがなくなるというのは、リーダーシップ開発に重要な割合を占める薫陶の機会を失うことでもあります。これだと、部下の成長機会を上司が適切に与えられていないことになります。

　ネガティブなフィードバックを行うには伝え方の技術も大切ですが、それ以上に普段からの部下との信頼関係がより重要です。

　ここで再び、「信頼」について考えてみましょう。筆者は、上司の信頼性には3つのポイントがあると考えます。
　①能力：相応の能力があること
　②誠実性：行動が一貫していて、約束を守る誠実性があること
　③育成コミットメント：部下の成長を重視し、時間・労力の投資を惜しまないこと

　フィードバックの中でも部下に注意を促すようなネガティブな内容の

場合、特に「誠実性」や「育成コミットメント」が重要です。普段から誠実に行動する上司であり、かつ自分の成長を真正面から考えてくれる上司であるということです。

信頼関係が十分でなければ、ネガティブなフィードバックは相手に響きません。フィードバック以前に、信頼関係の構築ができていないといけないのです。**信頼関係は、部下の悩みを聞く、部下からの要請に潔く意思決定する、部下の失敗の防波堤になるといった真摯な対応から生まれるもの**です。

信頼関係がない上司と部下の間のネガティブなフィードバックでは、自分の言うことを相手が受け入れる準備ができていない「**レディネスのない状態**」でのやり取りになりがちです。「レディネスのない状態」でのコミュニケーションの特徴として、次のような反応があります。

- 反発：感情的な態度を示す
  「もうやってられない」「いいかげんにしてください」
- 攻撃：上司が傷つくような物言いをする
  「あなただって、できてないじゃないですか」
- 転写：他の人の欠点をあげ、相対的に自分の立場を高めようとする
  「Aさんは、もっと低いパフォーマンスじゃないですか」
- 合理化：自分の問題に無理に理由をこじつけて言い訳をする
  「あのとき顧客が乗り気じゃなかったので、それ以上押しませんでした」
- 抑制：黙り込んだり、ほとんど話さなくなったりする
  「…」
- 逃避：面談そのものを回避しようとする
  「次の会議があるので、終わりにさせてください」

このような反応が出てきたら、ネガティブなフィードバックは意味がありません。何を言っても、相手は受け入れる準備がありません。無理に部下に言い聞かせようとしても、相手は感情的になるか、聞き流され

るかだけです。**相手に「レディネスのない状態」のときは、不満や意見を聴くことに切り替える**ことです。

　または、ネガティブなことをポジティブに伝える技術も必要になります。「このミスの原因は注意力が散漫だったから」と問題を指摘するのではなく、「これを機にもっと注意深くなるとあなたならミスのない仕事ができるようになるよ」といったように、相手の受容態度に合わせた伝え方をすることです。

　フィードバックは従業員体験の重要な要素です。それだけに、上司の自己流に委ねるのではなく、1on1やインタビューの手法に基づいて実施することが望まれます。

　ある企業では、1on1ツールを導入し、その場の会話ログや高頻度でのアンケートを取ることで受け手の反応を把握し、問題があればフォローする体制を整備しました。また、管理職にはフィードバックの理論や実践についての研修を義務化しています。同社では地道にフィードバックを改善するための取り組みを続け、会社全体としてフィードバックに対する受容性を高めているようです。

　フィードバックは難しいからこそ、継続的に質を高める取り組みをしなければならないのです。

リワード／リコグニション
──公平・公正な処遇と承認

Point 1 「認知・受容」を習慣にする

　求人サイトを運営するエン・ジャパンがユーザーおよそ1万人からの有効回答を得た『「本当の退職理由」実態調査』(2022年8月から9月にかけて実施) では、「会社に伝えなかった『本当の退職理由』」という設問に対して、「職場の人間関係が悪い」「給与が低い」「会社の将来性に不安を感じた」「社風・風土が合わない」と続くその次に「評価・人事制度に不満があった」と答えた人が全体の22%と、ほぼ5人に1人いることがわかりました。

　評価において重要なことは、「公平性」と「公正性」です。単純に評価が良い／悪いということではなく、本人が納得できるかどうかです。悪い評価だとしてもその理由が公平で公正だと本人が納得できれば、フィードバックされたことをこれからの発奮材料にできます。そのために評価者である上司は、部下全員の仕事をきちんと認識していることが前提になります。

　そして、本人への評価が正しく行われることと合わせて、以下に示すようなことで疑念を持たれないように留意することも大事です。

- 同僚が引き起こした大きなトラブルのフォローを行ったものの、それが評価対象にされなかった。
- 顧客を新規開拓していくことで目標数字を達成したが、先輩社員からの引き継ぎ案件だけで目標数字を達成した同僚とほぼ同程度に評価された。
- 自律的に仕事を進め定期的に上司には経過報告をしているが、逐一上司に報連相する同僚は覚えがめでたいのか、自分よりも良い評価

を受けているようだ。

こうした認識を部下に持たれないようにするには、メンバーに等しく「認知・受容」を心がけることです。目の前の相手の存在を認め、良いことも悪いこともありのままを受け止める「認知・受容」の習慣は評価者の必須の仕事だと認識しなければなりません。この習慣が部下から信頼を得ることにつながります。これはカウンセリングにおける「**無条件の肯定的配慮**」にあたります。

カウンセリングの場では、カウンセラーはひたすら相手の言動や態度を無条件に受け入れることをあえてすることがあります。すると相手は受容されていると実感でき、自信を持って自分らしく振る舞えるようになります。この手法こそが「無条件の肯定的配慮」です。これはビジネスでの1on1に応用できます。

1on1は上司と部下がお互いを知る好機ですが、「業務上の報告を求められる」「上司の愚痴や説教を聞く場になっている」「場当たり的な話に終始している」などと部下には居心地の悪い場となることもあるようです。**本来、1on1は「部下のための時間」**です。上司は自分の言いたいことを脇に置き、部下が置かれている状況や取り組んでいる仕事のことをじっくり聴いてきちんと理解するための場でなければなりません。部下の話すことに耳を傾け、まずはすべてを受け入れる姿勢でいるようにします。当然のことながら、このときに話を遮ったり、反論したりすることはタブーです。

部下にとって、上司が自分を受け入れてくれている、1人の人間として尊重されていると実感できることは、EXにおいてとても重要です。そして、尊重されているという実感が自己肯定感を育むことになるのです。

ビジネスパーソンに共通の欲求として「組織や上司から価値ある存在として認められたい」ということがありますが、それを実感させてくれるのが上司の「認知・受容」なのです。

Point 2 チームに「褒める文化」を根付かせる

　「職場でメンバーの一員として受容されること」「良い職場だと実感できること」は帰属意識を強め、組織への貢献意欲を高めます。

　世界最大級の従業員意識調査機関 Great Place To Work が 2018 年から 2020 年にかけて実施した『企業文化を改善する EX 調査』での 170 万人のアンケート調査では、「職場で認められていると感じている人」は「そう感じていない人」に比べ、次のように高いポイントを示しました。

- ■ 昇進が公平と考える確率：2.6 倍
- ■ イノベーションを推進し、新たなアイデアを持ち込む可能性：2.2 倍
- ■ この会社の人々は期待以上のことを進んでやってくれる：2.0 倍

　この結果からわかるように、従業員が自分の職場を心地よい居場所（ホーム）と思えるには、自分がメンバーの一員として好意的に迎え入れられていると実感できることです。具体的には、「あなたが居てくれて助かっている」「あなたのチームへの貢献に感謝している」という言葉が職場内で頻繁にやり取りされている状態のとき、メンバーは自分の職場に居場所を見出すことができるのです。

　そうした状態を築くのに有効なのが、従業員同士がお互いを認め合い、褒め合う習慣、つまり「褒める文化」です。

　「褒める文化」をいち早く職場に根付かせるには、リーダーが率先して褒める空気を生み出すことです。これが周囲に伝播していくと「褒める文化」が少しずつ形成されていきます。

　また、「褒める文化」を醸成する手段として活用したいのが、職場内での表彰です。MVP や新人賞など業績優秀者をはじめとして、初受注賞やベスト・サポーター賞など目立たなくても良い行いであれば贈賞対象にします。

　職場のメンバー同士がお互いに承認しあうことを「**ソーシャル・レコグニション**」といいます。筆者の所属する会社では「ARIGATO ポイン

ト（ARIGATO Now Point)」を全従業員に付与し、ポイントを贈ることで感謝の気持ちを示します。ポイントが溜まると、家電・食品・ゲーム・コスメ・インテリア商品・ホテルの宿泊券などと交換できます。なお、ポイントは上位職の人には贈ってはいけないルールになっています。

　また、ポイントには有効期限が設定され、その期間内に贈り合う仕組みにもなっています。期限が設けられているからこそ、日々の貢献を振り返り、感謝の気持ちを示す意識が芽生えやすくなっています。

　ソーシャル・レコグニションの真の価値は、褒め合うことが自己肯定感を強めることにあります。それにより、本人の帰属意識や充実感がさらに増していくことになるのです。

Point 3　フィードバックを「良い体験」にする

　フィードバックは従業員にとって重要な「認知」の機会です。会社の方向性や基準と自分のパフォーマンスは合致しているか、組織にきちんと貢献できているのか、自分のやり方に改善の必要性はないか──。こうしたことを上司と確認し合うことで、自身の現在地点が理解できるようになります。

　しかし、日本企業ではフィードバックが必ずしも十分に機能しているとはいえないようです。エグゼクティブ・コーチング・ファームであるコーチ・エイは2022年12月に506名（有効回答424名）のビジネスパーソンに対して実施した『目標達成に向けた上司からのフィードバックの頻度』に関するアンケート調査から次のようなフィードバックの実態がわかりました。

　「年に数回程度」との回答が36%、「上司はいるがフィードバックは受けていない」との回答が19%でした。つまり、過半数以上が必要最小限（あるいはゼロ）のフィードバックしか受けていないということです。

　筆者がこれまで見てきたコンサルティングの現場でも、フィードバックは日本企業よりも外資系企業のほうが活発だという印象があります。

筆者自身でいえば、コンサルティング業界にはフィードバック文化が根付いていることを実感します。多くのコンサルティングファームでは、定期的な評価だけではなく、日常的に大小のフィードバックが行われています。成果物の評価以外に、その取り組み姿勢や作業設計、品質基準の考え方から顧客先での立居振る舞いまで、上位者はその都度気になることや改善点をプロジェクトメンバーに伝えます。

　例えば、ミーティングの直後に「プレゼンは冗長だったので、もう少し端的に話したほうがいいよ」「顧客の関心事を外しているので、シナリオ自体を見直しましょう」「報告は結論から話すことを習慣化してください」といったように、上位者からさまざまなフィードバックがあるのがコンサルティング業界の特徴です。コンサルティングは人が資産であるとともに人がサービスそのものであり、コンサルタントの質がプロジェクトの品質を大きく左右することが背景にあるからでしょう。

　フィードバックは、重要なコミュニケーションの場であり、成長支援の場でもあります。近年、欧米テック企業を中心に「**リアルタイム・フィードバック**」という考え方が広がっています。これは「育成のためのフィードバック」を根底に置くものです。

　リアルタイム・フィードバックは、週に一度など高頻度・リアルタイムで行うフィードバックのことです。評価とは直結させず、間を置かず、本人に気づきを与えることができることから育成支援の一環として実施されることが多いようです。

　自社の企業文化を「フィードバック・カルチャー」と称しているある外資系企業では、フィードバックは上司から部下、部下から上司、そして従業員から会社へも行われます。同社では、経営トップから期初に発表される年間計画について従業員からフィードバックアンケートが寄せられ、経営トップは1週間以内に回答しなければなりません。部門責任者や職場リーダーの年間計画も同様の仕組みです。

　また、上司から部下には日常的にリアルタイム・フィードバックが行われています。そして、部下にあたる従業員には会社から定期的にアンケートが送られ、「上司からリアルタイムに適切なフィードバックを受けているか？」「日々のフィードバックの中で自己の成長課題は明確になっているか？」といったことがモニタリングされます。フィードバックの結果によっては、当該上司への指導や研修への参加要請が行われます。

　同社では息を吸うのと同じくらい当然のようにフィードバックがあらゆるところで行われており、社員はそれをポジティブに受け止めて自己開発に取り組んでいるのです。

　フィードバックが成長と働きがいを生み出す施策として機能するようにすることは、EXを考えるうえで大変重要なことです。

　単なる評価と成長支援にとどまらず、フィードバックをいかに良い体験と感じてもらえるかを、企業は真剣に向きあわなければなりません。

`Point 4` 処遇は「公平」と「公正」に基づいて伝える

　処遇の公平と公正さは、多くの企業に取り組まれてきた課題です。昨今のジョブ型人事制度の導入はその解決策の1つです。年功的な報酬から職務（ジョブ）に対しての報酬にすることで、従業員の会社に対する貢献の本分は職務遂行であることを認識してもらう仕組みといえます。

　そして処遇の公平と公正さは、報酬制度など会社の制度として組み込まれていることも大切ですが、その処遇の説明の仕方によっても、従業員の納得度に大きく左右されます。

[残念な例]

 今期の賞与結果をフィードバックします。私としてはカワグチさん（評価相手）は今期売上目標を120%達成していただいたので高い評価をつけましたが、部門内の調整の結果、標準評価になりました。

 標準評価ですか？

 私としては高く評価していますが、人事部から評価は相対化するよう通達があり、標準評価にさせてもらいました。来期は今期以上の成果をあげていただき、相対評価であっても高い評価になるよう期待しています。

 わかりました…。

　このケースでは部下のモヤモヤ感が払拭されません。「今期売上目標を120%達成」という結果に対して、「人事部から評価は相対化するよう」という理由づけは、説明責任を他者に転嫁しているだけです。また、本人は「頑張る」以外に良い評価を受けるためにどのように取り組むかがはっきりしません。

　上司の説明責任とは、部下が納得するよう説明を尽くすことにありますし、そのために必要であれば情報を取りにいくことも求められます。相対評価によって調整されたのであれば、どのようなポイントが調整対象になるのか、明確な説明が必要です。

［適切な例］

今期の賞与結果をフィードバックします。カワグチさん（評価相手）は今期売上目標を120％達成していただいたので一次評価の時点では高い評価としましたが、部門内の調整の結果、標準評価になりました。

標準評価ですか？

はい。賞与評価は、一次評価は絶対評価を行い、二次評価は相対評価で調整しています。今回、部内の過半数が売上目標を達成しました。ただ、高評価がつく人は、全社のバランスから枠が決まっています。そこで、売上目標だけではなく、その内容が評価会議では審議されました。具体的には、新規顧客の開拓、案件ごとの規模感、ソリューションの革新性の3つです。カワグチさんの案件は、既存顧客・既存ソリューションが中心での売上目標達成となりましたが、加点的要素が少なかったことが標準評価の理由になります。

そうですか…。

私としては、カワグチさんには案件ごとの規模の拡大に取り組んでもらいたいと思っています。カワグチさんの担当顧客はいろいろと派生案件の機会はあると聞いていますが、他部門との連携も要することから、あまり積極的になれていないですよね。しかし、カワグチさん自身のキャリアを考えると、次は部内でリードしていく役割が期待されます。大規模案件や他部門連携を経験していないと、いざ取り組むときに周囲を導くことはなかなかできません。実は、今回の評価での高評価は派生案件を広げて大規模案件化した人が多かったので

すが、カワグチさんにそれができないわけはないと思っています。私のできる支援はすべてしますので、そこにチャレンジしてみませんか？

部下

わかりました。確かに、自分のできる範囲内で目先の成果をあげることにとらわれていたかもしれません。頑張っていきたいと思いますので、ご支援お願いします。

　上記の2つの例は部下に「高評価をつけたが最終的に標準評価となった」と伝えるまでは同じですが、その後の説明がないのとあるのとでは印象は大きく変わります。［残念な例］は人事（会社）の基準に則して評価したと上司のやや後ろめたい気持ちが感じ取られます。その反対に、［適切な例］では人事の基準で評価したものの、部下への気遣いとともに成長支援の意志がはっきりと示され、期待感を滲ませています。

　日本企業では、**評価のフィードバックは直属上司が自己流で行う傾向があります。これはEXの観点からするとリスク**であると認識すべきです。業績など数字で判断する場合でも、いかに達成したかその方法や内容も勘案しなければ、公平・公正だといえないこともあります。勘案する際の匙加減が人によって変わるようなことがあれば問題ですし、不満に思う人が出てくれば職場のコミュニケーションに亀裂が走るリスクになります。

　ある企業では、評価時期には評価者のフィードバック研修の受講が義務付けられています。研修の中心は面談のシナリオ作成です。今回の評価は何が基準か、なぜそのような評価に至ったか、育成課題は何であり、上司はどのように支援するかなどをシミュレーションし、受講者同士でロールプレイを行います。そして、フィードバックの内容や伝え方について助言し合います。こうすることで評価者が自己流で行うことを予防

し、会社としての型を作ることにも奏功しています。フィードバックが属人的にならない取り組みともいえます。

　従業員は処遇のやり方が不透明だと、当然のごとく不満や不信を感じます。会社のルールに則して行ったとの逃げ口上のようにはならないよう、被評価者の納得が得られる説明を丁寧にすることです。それをすべての評価者でしっかりとやり切ることが、透明性の高い、働きやすい職場になるためには必要なことです。

ネットワーキング
──社員同士の交流による組織適応・アイデア創出

Point 1　部下のあげた成果を自分ごとのように褒める

　人には、承認欲求があります。承認欲求とは、「他者から認められたい」「価値ある存在として自分自身を認めてあげたい」という願望です。SNSで「いいね」の数に一喜一憂するのも、承認欲求の1つです。

　会社において、従業員が認められたいのは、「自身の存在」です。自身が「いかに組織から価値ある人間か」と認められることが、自己肯定感や組織への愛着心に大きく影響します。

　そして、部下が成果をあげたタイミングは、承認欲求においては最も重要な瞬間です。部下は成果をあげれば、まさに会社や上司から認められることを期待します。その瞬間の上司とのやり取り次第で、EX向上の明暗が分かれます。

[残念な例]

部下　A社から無事に受注が取れました！

上司　おめでとう！　これで、今期の目標を達成しそうだね！引き続き、頑張ってフォローしてください！

部下　ありがとうございます。わかりました…。

　これは日常的によくあるやり取りです。これの何が「NGなの？」と思う人もいるかもしれません。

　このやり取りは、部下の心を離れさせるようなものではありません。

しかし、部下の承認欲求を満たす要素があまり盛り込まれておらず、部下と上司のつながりが徐々に冷めていくようなリスクがあります。具体的に見ていきましょう。

この対話には、実は次の2つの問題点が含まれています。

①上司本人の「関心」が示されていない

上司の返答は、「You」が主体となっており、「I」を主体にしていません。上司自体がどのように感じているかが語られていないのです。端的に言うと、上司は部下に対して心を振り向けていないということです。

「嬉しい」「ホッとした」「心配していた」等々、いろいろな表現の仕方がありますが、上司自身が部下の成果をどのように感じたかが示されなければ、関係性が深まることはありません。人と人との関係性を強めていくのは、心が通うやり取りです。心が通う対話がなければ、部下は上司を「感情のある人」ではなく、単なる上司という「役割を担う人」だと思うようになります。

豊かな関係性とは、まず相手に「関心」を持ち、そしてその自分の気持ちを言葉にして相手に示すことから始まります。

②部下本人の個性や頑張りに触れていない

上司の返答は、部下個人にフォーカスしたものになっていません。言い換えると、どの部下であっても、同じ返答になります。

誰しも、歯車の1つのように自分を扱われたくありません。上司や組織から、自分は個性や感情のある1人の人間として尊重してもらいたいと思っているものです。

特に、成果をあげたときは、その人固有の持ち味が発揮され、苦労が報われると思う瞬間です。売上や業績といった定量的な成果の裏側にある1人ひとりの個性や努力の事実を認め、その行為を褒めることが重要なのです。

［模範的な例］

 部下　A社から無事に受注が取れました！

 上司　ホントですか？　良かった！　実は、結構、心配していたんですよ。
A社の〇〇部長は基準が厳しいし、最後になってひっくり返されることも珍しくないから。受注の決め手は何でしたか？

 部下　今回はかなり大変でした。提案前に5〜6回くらい厳しい要求が続きまして。でも、開発のヤマダ課長に同行していただいてウチの品質の良さや開発体制をしっかり説明してもらったのが良かったのだと思います。

 上司　なるほど。そのやり方は他の人の参考になるかもしれない。今度、部内会議で議題にあげるので、共有してもらってもいいですか？

 部下　もちろんです！　大丈夫です！

 上司　ありがとう。今回の受注は私も本当に嬉しいです。良くやってくれました！　引き続き、頑張ってフォローしていきましょう。

　部下が良い成果をあげたときは、その結果だけに関心があるような対応をしないように注意します。そのプロセスにこそ、部下の持ち味や頑張りが現れるからです。部下が成果を報告してきたときには、「それって、どうやってやったの？」とプロセスを一段掘り下げる質問を投げかけることをしてみるとよいでしょう。

　そのうえで、上司としてどのように感じたか、部下個人の頑張りや持ち味がどう活きたのかについてコメントします。**上司がきちんと向き**

合って自分に敬意を示して誉めてくれるという小さな行為が部下にとって「充実した体験」になります。

　上司のこうした「小さな行為」の心がけが、部下の「充実した体験」の積み重ねになっていきます。これが職場に広がっていくことで承認欲求が満たされる職場環境につながっていきます。

Point 2　正しく叱る

　「褒める」と同様に「叱る」ことも上司の役割の1つです。しかし、叱ることに躊躇する人が多いのが現在の日本の職場です。確かに、叱るにはエネルギーとリスクが伴うことは避けられません。

　例えば、部下が不用意なことでミスをしたとき、部下から嫌われないかと思いながらも、立場上からは叱らざるを得ません。役割として仕方なしに行うわけですからエネルギーが必要です。そして、その叱り方が部下から威圧的だと捉えられれば、パワハラのリスクになります。

　叱ることを避ける上司は、部下が許容範囲を超えるミスをおかしてもリカバリー指示だけで済ませたり、中には上司自らがミスの挽回をしたりします。部下との軋轢を極力避ける行為です。

　叱るべきときに上司が逃げの姿勢になることで部下はどうなるでしょうか。部下にとって、内省して意識や行動を改善する貴重な機会が失われることになります。また、ミスの大小にかかわらず寛容になり過ぎると職場の適度な緊張感が失われていき、「ぬるま湯」状態が生じます。

　これをEXの視点で見てみましょう。

　「ミス」により叱られることは苦い経験になります。しかし、**「ミス」から学習し、次に生かすことは成長の起点になります。**ミスしても何も言われないようだと学習の機会はありません。きちんと叱られれば、ミスした本人が反省して学習するための貴重な体験になりますし、その職場は本人にとって成長できる職場であることを実感する機会にもなり得ます。

[模範的な例]

部下 大変です！　A社のタケダ部長からクレームを買ってしまいました！　このままでは契約をすべて打ち切られるかもしれません！　本当に申し訳ありません！

上司 本当ですか。まずは、落ち着いてください。
どのような状況なのですか？　現状を正しく教えてください。

部下 A社と進めているシステム開発で仕様変更が次々と起こっていたのです。私はそれに従っていましたが、私がメールの指示を誤解して受け取ってしまい、反映漏れがあったようです。今回反映漏れがあった仕様変更は先方の役員の指示だったらしく、タケダ部長は自分の立場が悪くなったと事態を相当重く受け止めているようです。

上司 そうですか、仕様の認識合わせが不十分だったんですね。そこはきちんと反省が必要ですね。うっかり忘れたことで誰にどんな不都合が生じたかをよく考えてみてください。そのうえで、どう善処するか、一緒に考えてみましょう。

部下 わかりました。ただ、これは平謝りするしかないと思います。他に考えられるでしょうか？

上司 うーん、まずは先方にお伺いして、反映が漏れていたことについてきちんと謝罪するのは大前提でしょう。私も同行するようにしますが、今後の対応についてタケダ部長と誠実に話し合うのがいいと思うのですがどうでしょう？

部下 わかりました。では、上司を伴ってまずは謝罪にお伺いし、善後策の話し合いをさせていただきたい旨、タケダ部長にす

ぐにご連絡するようにします。

はい、そうしてください。今回のミスはどうやら連絡をメールだけのやり取りで行っていたことが原因ですよね。今後はこの反省を生かして、メールとともに口頭での確認も行ってみたらどうでしょう？　そうすれば、先方の要望をニュアンスを含めて理解しやすくなると思います。こうしたことも含め、タナカさん（部下）自身の今後の成長のためにもリスクヘッジになる施策をいろいろ考えてみてください。

わかりました。今後、気を付けます。

　「叱る」ことの目的は、相手に反省を促したうえで「**学びのポイントを伝え、期待する行動をとってもらう**」ことにあります。それには、次のようなことに留意します。

- 怒りの感情に支配されない
- 叱るべき理由を明確に相手に伝える
- 次からどのようなことに気を付けるべきかを伝える

　「叱る」ことは罰を与えるのではなく、対話を通じて部下の行動変容を促すことです。そのために重要なのは、「罪を憎んで、人を憎まず」の意識です。ミスの原因に事実に基づいてきちんと向き合っていく。ミスをした部下を責め立てるのではなく、同じことが起きないようにどう対応すべきかを建設的に話し合う。そして、部下のキャリアやパフォーマンス改善のために、反省すべきことをきちんと伝えることです。
　「叱る」ことは、ともすれば、EXを大きく棄損する行為です。しかし、「叱られる」機会がなければ、部下の成長は頭打ちになります。誰しも

が苦い経験を持ちながら、それを学びに変えて成長していくのです。だからこそ、上司は「叱る」ことから逃げてはいけません。部下が失敗から大きな学びをつかみ取り、むしろ「叱られた」ことが自分のプラスになったというポジティブな体験にするのが上司の仕事です。

- 「叱る」ことから逃げないこと
- 上手く「叱る」こと

この2つのシンプルなことの実践で組織に成長支援の風土がもたらされていきます。

Point 3 部下のペインポイントをなくす

組織を超えたコラボレーションが生み出すさまざまな刺激と学びはEXを充実させる大きな要因になります。

逆に、期待して所属した組織間に壁やしがらみがあって物事がなかなか前に進まない職場では徐々にやる気が失われていきます。部署間の対立や他部署からの非協力的な態度といった壁やしがらみは日本企業によくあるパターンです。

部署間の連携が思うようにいかない背景にあるのは、部署ごとにそれぞれが達成すべき固有の目的があることが一因です。売上や利益、パーパスの実現といった会社共通の目的を目指す中で、例えば営業・生産・開発などに分かれた機能別組織では営業は受注の拡大、生産は品質と生産性の向上、開発は製品の改良・開発などというように組織の目的は分かれます。顧客の注文に最大限応えたい営業部門と生産キャパシティに制限がある生産部門のように、組織間での利害衝突が生じます。これは、大きな目的は同じでも、部署ごとの固有の目的が異なるからです。

事業部制組織では各組織の業績の最大化が短期的なゴールですが、限られた経営資源の中では、各事業部門が投資や固定費の原資などの配分をめぐっての衝突はよくあることです。

　このように部署間での利害やパワーバランスの偏重などが起こると、従業員はマネジメントに不満を抱くようになり、会社や職場へのロイヤリティを低下させていきます。

［残念な例］

> 　ある企業ではエンジニアの補充が喫緊の課題でした。そこで、開発部の責任者は同部所属のカワセさんを採用強化プロジェクトのリーダーに指名しました。まず、カワセさんは現場社員のヒアリングからエンジニアは会社を超えたネットワーク連携が強いことを再認識し、社員が適任者を紹介することで採用効率の高いリファラル採用を検討することにしました。同社では初めての取り組みです。
>
> 　さっそく採用の条件などをまとめた企画書を持って人事部門の採用担当者に提案しましたが、全く受け入れてくれませんでした。理由を問うと、以前人事部門内でリファラル採用を検討しようとしたところ、人事部長から従来からの採用方法を変える必要はないと強く反対され、それ以来リファラル採用は検討の余地もないことになったとのことでした。
>
> 　人手不足が続く開発の現場からは「早く人を入れてほしい」との声が強くなっています。カワセさんはすっかり手詰まり状態です。

　組織や個人の意向に役職や立場などの権力が関わってくると、組織間連携はうまくいきません。特にヒエラルキー型組織ではその傾向が顕著です。上記のケースの問題の起点は人事部長です。人事部の担当者は上長への遠慮と自己保身のために、他部門の提案が良いとわかっていてもそれを受け入れることができません。

　なお、このケースの解決策は人事部長と同等あるいはそれよりも上位者に対応してもらうことです。「何を話すか」ではなく、「誰が話すか」

ということです。

[適切な例]

> カワセさんは困り果てて、上司のサイトウ課長に相談しました。
> サイトウ課長はすぐに動き、事業部門と人事部門の双方の責任者が
> 直接話し合う場をつくりました。その席に同席したカワセさんは、
> 事業部門でのエンジニア人材の窮状を訴えながら企画書の内容を人
> 事部長と担当者に説明し、それをサイトウ課長と事業部門責任者が
> フォローしました。はじめは懐疑的な様子だった人事部長は最後に
> は納得して、その場で承諾してくれました。

　組織間の問題解決の手段の1つに、「**エスカレーション**」があります。
**エスカレーションとは、問題が発生したときに上位者へ報告が上がり、
上位者間（あるいはさらに上位者）で協議や裁定がなされること**です。組
織間の揉め事は、多くの場合、権限や立場がなければ、解決が困難です。
　特に企業規模が大きな、多層にわたるピラミッド型組織や複数の上司
がいるマトリクス型組織での合意形成は一筋縄ではいきません。こうし
た組織には部署間をつなぐ調整業務を担う人がいますが、調整業務にお
いては自分自身が意思決定をできず、仕事に対する自己効力感が持ちに
くくなります。調整業務が多い組織には「組織の論理」により自部署都
合が蔓延し、EXからはほど遠くなります。
　仮にこうした問題があるのならば、マネジメントが調整し、部下をそ
の役割から解放することです。従業員が苦痛に感じる体験の瞬間を「**ペ
インポイント**」といいますが、**マネジメントは組織間の問題を適切に調
整し、部下の「ペインポイント」をなくすことに努めることがEX向上
の第一歩**です。そして、そこから組織間が自然と協力的になる「コラボ
レーションカルチャー」をつくり出していきます。

Point 4 「無縁社員」をなくし、「多縁社員」を増やす

　第二次安倍政権によるアベノミクスが始まる頃、「無縁社員」という言葉が新聞で紹介されたことがあります。職場では個々の成果が厳しく求められながらも誰とも会話せず、同僚とのつながりが実感できない、社員同士の縁を持たない社員のことでした。

　それから10年余りを経た現在も別の文脈で「無縁社員」の問題があります。

　コロナ禍で一気に広がったテレワークにより、常に自席で上司や同僚とコミュニケーションをとりながら働くスタイルが大きく変わっていきました。以前は別の仕事をしても一緒に居る「付かず離れず」でした。いまは一緒に居る感覚は持ちにくく、「付かず近づかず」といったところでしょうか。極端な場合、業務上の接点があまりない同僚とは同じ職場でも話したことがないということも珍しいことではありません。

　このことを象徴する調査結果があります。リクルートマネジメントソリューションズが2022年12月に実施した『人的つながりに関する実態調査』です。22〜59歳の会社勤務の正社員659名を対象に、コロナ禍以前と比べて「人とのつながり」の増減について聞いたところ、上司や職場の同僚など社内の業務上の接点が「増えた人」が全体の15.4%、「減った人」が同29.7%でした。他部署など業務上あまり接点のない人との関わりにおいても、「増えた人」が全体の11.8%、「減った人」が同35.4%でした。この調査で特筆すべきことは、直近の半年間、ほとんどテレワークをしていない層においても、人とのつながりが「減った人」の傾向が多く見られたことです。

　現在、日本企業の職場に「まだら職場」が広がっています。全員が同じ場所にいるのではなく、常に誰かが欠けているまだら状態の職場です。また、オフィスにいても、モニターの向こうの誰かとオンライン会議をしていることは珍しくありません。出社しているからといって、「人とのつながり」が十分であるとは限りません。誰もが、孤独を抱える「無

縁社員」となるリスクが潜んでいるということです。

　リーダーには職場のつながりに目を配る役割があり、「観察」と「ネットワーキングの促進」を心がけなければなりません。例えば、部下との1on1では次のような質問を通して職場のつながりを確認するようにします。

「最近は職場の誰と仲良くしていますか？」
「雑談や気軽に相談ができる人はいますか？」
「最近、チームメンバーとの楽しい出来事はありましたか？」

　こうした質問で考え込んで何も出てこなければ赤信号、名前がようやく出てくるようだと黄色信号です。「無縁社員」、あるいはその予備軍になっているかもしれません。

　先輩・後輩や同僚との気軽な雑談や交流は、重要なEX向上の要素です。人は人とのつながりから気づきや学びを得たり、安心感を覚えたりします。米ギャラップ社の2022年実施の調査では、職場に親友がいる人は仕事に対する満足度も高く、コロナ禍以降その傾向は増していることを報告しています。

（出所：The Increasing Importance of a Best Friend at Work：Gallup）

　職場から「無縁社員」をなくし「多縁社員」を増やすために何か特別な仕掛けが必要になるわけではありません。組織のリーダーが、メンバー同士がコミュニケーションをとりやすい機会をいろいろ工夫して提供することを心がけ、1つ1つ実践することです。

　会社は「仕事をする場」であって、必ずしも「友だちをつくる場」ではありません。しかし、**職場内でのフレンドリーな交流がポジティブな組織風土を創り出し、その組織風土が定着するに従い、その組織独自のEXの形ができあがっていく**のです。

Point 5　退職する人とWin-Winの接点を保つ

部下から「ご相談」という件名のミーティングがセッティングされ、嫌な予感がしながらもミーティングに出ると、案の定、退職の話——。思わずカッとなってしまい、気まずい雰囲気になった。このようなことは、よくあることです。

退職においてもEXを意識した対応をしなければなりません。退職する社員にも、所属した会社は良い会社だったと思ってもらうことは、EXのうえでとても重要です。

ある企業では退職の申し出をする社員に対して、採用に関わったリクルーターは自分の評価が悪くなるとの恐れから、だましすかしの強引な引き留め工作を行っていました。これが退職希望者とのトラブルとなり、そのことがSNSで広がった結果、悪い評判から新規採用にも影響することになったほか、退職者つながりの元社員たちもその会社への印象を悪化させることになりました。

退職時のコミュニケーションは、従業員が最後にその会社で体験する重要なEXです。在籍中は良い会社体験だったとしても、辞めるときの体験が悪ければ、会社そのものにネガティブな印象を持ち続けます。心理学の研究でも、最後の印象は強く記憶されることを証明しています。

退職時のEXで大事なことは、事実と感情を切り離すことです。部下が退職の意向を示していることを事実として受け止め、感情は脇に置きます。そして、当人に対して条件次第で会社に残留するのか、翻意は無理かを冷静に話し合って確認します。前者であれば残留の条件のすり合わせを行うなどしますが、後者であれば新たな門出を応援する態度で話を聴くように努めます。

近年、「カムバック制度」などと称して出戻り従業員を受容する企業が増加傾向にあります。結婚・出産・育児・介護・留学などやむを得ない事情だけでなく、転職した元従業員に対しても門戸を広げる取り組み

です。会社以外の社会経験や他社での経験が元の所属先での業務に新たな視点として活用できる期待もあり、改めてWin-Winの関係が持てるようになります。

　さらに最近では、「**アルムナイネットワーク**」も広がりを見せています。アルムナイ、つまり会社を「卒業した人たち」が緩くつながることで、ビジネス上のパートナーシップを結んだり、社外の視点からの意見や助言が寄せられたりしています。現役の従業員にとってOBとの交流機会は会社の歴史や技能を受け継ぐ学びの場にもなり得ます。卒業校に愛着を持つのと同様に、卒業した会社に愛着が持てれば、半永久的にその会社を応援してくれる、つまりEXに結びつくということです。

　このように、**退職後も元従業員が「良い会社」と評する会社は、人的ネットワークという見えない資産が蓄積していく**ことになります。

6つの領域別運用 ⑤

ワークスタイル／ワークプレイス（働き方・場所）
──柔軟で選択可能な働き方

Point 1　働き方を上司と部下が一緒に考える

　ワークライフバランスの捉え方の変化は、働く場所や時間に対するニーズの多様化に影響しています。テレワークやハイブリッドワークなどが一般的になり、働く場所や時間を制度的に支える企業も増えています。従業員からすると、働き方の選択肢が大きく広がったといえるでしょう。

　その反面、ワークライフバランスへの感度や捉え方は従業員の中でも、大きくバラツキが生じています。

　出社したほうが仕事は捗るという人もいれば、在宅中心のテレワークのほうが働きやすいという人もいます。週2日を在宅で集中作業、残りの3日をオフィスワークにするのがちょうどいいという人もいます。

　EXを向上させるために重要なポイントは、ワークスタイルの選択権が自分にあるということです。

　これを本人の要望を無視して、会社が一方的にライフスタイルに合わない働き方を進めてしまうとEXはネガティブなものとなり、エンゲージメントの低下どころか、極端な場合、離職の引きがねにもなります。

　本章の冒頭にEXのポイントの1つに「自己決定の重要性」をあげましたが、働き方は特に自己決定が求められます。このことについて、パーソルホールディングスが全国の正社員800人（20代から50代の男女各100人）のビジネスパーソンを対象に2023年11月に行った『キャリアオーナーシップに関する実態調査』が参考になります。

　「自分の仕事や働き方を自らの意思で決めることを意識していますか？」という問いにおよそ半数（48.2％）の人が肯定的な回答をしました。

そのうち、「仕事内容」を自己決定できた層と、「働き方」を自己決定できた層に分けて仕事の満足度を確認しています。

その結果、「働き方」を自己決定できた層は「総合的に今の仕事に満足している」「仕事にやりがいを感じてきた」に対する肯定的回答が多く、仕事への満足度が高い傾向にあることがわかりました。

働き方を自己決定できるということは、自分自身の意志が尊重されていることを仕事の中で日常的に実感できることでもあります。それが、自己肯定感や仕事の満足度につながります。

すでに会社として、柔軟な働き方が制度化され、しっかりと運用されているようであれば、ワークスタイルの選択について従業員の不満は滅多に起こりません。

しかし、働き方についてのルールが曖昧で、暗黙のうちに同調圧力を求めるような職場では、見えない衝突が起きやすいといえます。

［残念な例］

 最近は在宅勤務が多いように思うけど、調子はどうですか？

 そうですね、先週はほとんど在宅でした。通勤時間が短縮できて、とても楽です。

 （困ったな。全然仕事が進捗してないと係長がぼやいていたけど）
そうなんですね。でも、ウチの課では基本は出社して、すり合わせながら進めるワークスタイルなので、もう少し出社して頑張ってみませんか？

え？　会社はテレワークを認めていますよね？
出社を義務づけるということですか？
そうなら、会社のルールとしてきちんと示してほしいです。

いや、そういう大げさなことを言っているわけじゃないよ。
周りは出社して連携しながらやっているのだから、適度に周
囲に合わせてほしいってことなんだけど。

（不満げに）はい…、わかりました…。

　最近では「自由に働きたい」として、権利を前面に押し出す人が増え
てきているようです。

　上司としては成果が出ていないのなら、出社によって報告や指導の機
会を増やし、改善を促したいと考えます。しかし、そのことを直言する
と部下は機嫌を損ないかねないため、上司は「周囲に合わせてほしい」
との無難な理由で出社を求める言い方をしがちです。すると部下は曖昧
な態度を取りはじめます。

　こうなると、上司も部下もモヤモヤ感が残ります。

　こうした状況に陥らないためには、次の3つのポイントに留意して、
率直なコミュニケーションをとることです。

1. 本人のワークスタイルに対する希望（およびその背景）を聞き出
   す
2. 会社として期待するパフォーマンスを伝える
3. 会社の期待と本人の希望を両立させる着地点を一緒に考える

　働き方の自己決定は、仕事の満足度を左右する重要ポイントです。そ
れを満たすには、本人の希望を理解することが何より大事です。

一方で、会社としては成果を出してもらわなければなりません。それには、会社としての期待をしっかりと理解してもらい、自分の中で折り合いのつく働き方を自己決定してもらうことです。その場合、上司は働き方を決める役割ではなく、本人が働き方を決める手助けをする役割だと認識することが大切です。

[適切な例]

 最近は在宅勤務が多いように思うけど、調子はどうですか？

 そうですね、先週はほとんど在宅でした。通勤時間が短縮できて、とても楽です。

 もう少し詳しく聞いておきたいのだけど、在宅勤務でなければならない理由などはありますか？

 在宅勤務でなければならない理由ですか？

 えぇ。最近、前よりもパフォーマンスが落ちていると聞いたので少し心配で。在宅勤務の良さはわかりますが、ヤマモトさん（部下）のキャリアを考えるといまは大事な時期です。オフィスワークを少し増やして、係長や先輩の指導をしっかり受けるのも必要かなと思いまして。

 そうですね…、実は先週、祖母が骨折で入院して家族持ち回りでサポートに行かなければならなかったんです。チームには迷惑をかけたかもしれません。

 そういうことだったのですか。
正直なところ、ヤマモトさんが完全に自分でできるようになるにはもう少しスキルと経験が必要です。会社としてはでき

るだけ丁寧に指導して、ヤマモトさんがきちんと自分の仕事
をまわせるようになってから裁量でできるようにと考えてい
ます。もちろん希望を考慮しますが、どれくらいの頻度での
出社勤務がベストか、係長も交えて一緒に相談して決めませ
んか？

 はい、わかりました。

　成果とEXは、ときとして相反するように感じられることがあるかも
しれません。しかしながら、EXを高めるということは、すべての従業
員の要望を聞き入れるということではありません。

　上記の例では、完全には自由な働き方はできないかもしれませんが、
結果としてパフォーマンスやコミュニケーションにプラスに働き、本人
のEXが向上する期待があります。**従業員の要望を短絡的に叶えようと
するのではなく、それが長期的に本人のEX向上につながるか、組織に
とっても望ましいことかをよく考えて、双方にとって納得のいく着地点
を模索することが大切**ということです。

Point 2 「意味のない慣習」はすぐに廃止する

　独特の慣習がある会社には、その会社にしか通じない略語が使われて
いたり、暗黙のルールがあったりします。それが従業員の連帯を強める
こともあれば、やる気や帰属意識を削いだりすることもあります。

　なかでも、「意味のない慣習」の及ぼすネガティブな影響は大きいと
いえます。「意味のない慣習」とは、実施の目的や背景が不明であるに
もかかわらず、組織内に当然のこととして根付いているルールやルー
ティンです。「社内の常識は社会の非常識」と言われるように、社内で
普通にまかり通っていても、よく考えてみると「何これ？」と思うよう
なことがそれに該当します。

こうしたインナールールともいうべき慣習は、その組織に入って間もない新入社員だけではなく自社を客観的に見る社員にも奇異に映り、EXの観点からすると会社との距離感を感じさせるリスクがあります。例えば、次のようなことです。

- 役員が出社したら仕事を中断し、深々とお辞儀をする。
- 出社時間より30分前に出社しなければならない。
- 直帰は原則禁止で、外出すると必ずオフィスに戻らねばならない。

なかには、「お辞儀ハンコ（斜めにハンコを押して、お辞儀に見えるようにする）」「お辞儀の角度チェック」といった首をかしげたくなるようなことまであります。

「意味のない慣習」は、ブラック企業や不祥事が起きやすい企業に特に多く見られます。これは、意味不明なルールにはじめは違和感を覚えながらも強制されているうちに徐々に何も感じなくなるからです。

組織内に次のような無意味なルールが残っていると、それは「嫌な体験」のリスクの温床になるかもしれません。

- 各種会議体で紙の資料の配付が求められ、若手社員がコピー係をしている（実際には多くの社員はモニターで確認しており、紙資料は使われずに廃棄されている）。
- 社内でしか通じない隠語・略語が多く、新入社員が戸惑っている。
- 承認を取るためには、公式なルート以外に根回しをしなければならない（公式なルートではすんなり承認が得られない）。
- 休暇申請はその理由を必ず上司に説明し、休暇取得後は上司に感謝を伝えることがしきたりになっている。

これらの慣習は、従業員に「意味のないことをさせられている」というネガティブな体験として蓄積されていき、疑問や不信、会社への諦観へとつながっていきます。

　それであれば、無意味な慣習はやめてしまえばいいわけですが、一従業員がこれまでの会社の常識をやめるには勇気が必要です。自分だけ他の従業員と違う行動をとることで、組織内で浮いてしまうかもしれない。そのような不安が従業員の勇気をくじき、結局は無意味な慣習を無難に受け入れてしまう。こうして、無意味な慣習はEXを毀損しながらも、延々と続いていくのです。

　こうした状態から抜け出すには、会社の上層部がEXなど社内風土の改革を契機に「意味のない慣習をやめよう」と宣言することが、一番効果的です。ただ、ここで気をつけなければならないのは、「職場の慣習はすべて悪だ」と決めつけて、従来のしきたりを撤廃するのだと意気込まないことです。例えば、出張みやげのお菓子が職場の雑談を生んでいるのであれば一概に儀礼的だと捉えてなくすのは得策ではありません。組織風土を支えるうえで良いものは残すというスタンスも必要です。

　ある会社では会社合併を機に、何のためにあるのかわからない慣習を撲滅する全社運動「ノーナンセンス活動」を推進しました。「カジュアルな服装が認められているものの、一方の会社は短パン・サンダルが認められていて、ドレスコードに幅がある」「会社補助の職場懇親会は上司の認可の要否が職場によって異なる」「会議室の予約ルールが守られておらず、会議室を占有する人がいる」といった出身会社のルールの違いによるナンセンスや不都合を検証し、その廃止や改善の結果を経営トップが発信しました。同時に、「ナンセンス撲滅委員会」を設置し、もしナンセンスだと判断できる行為があれば注意勧告するなどの活動を継続しました。その結果、意味のない慣習がなくなっていきました。

　またある会社では、新入社員が歓迎会で一芸をすることが伝統になっていたのですが、これを嫌がる新入社員からの相談が相次ぎ、「悪しき伝統」を廃止することにしました。それ以来、新入社員歓迎会は文字どおり、役員から一般社員までが新入社員を喜んで歓迎する会になりまし

た。

　組織の慣習は人間のクセと同じで、知らぬ間にできてしまうものです。気づかないうちに慣習となり、それが無意味なものであれば悪いEXとして従業員に浸透していきます。

Point 3　会議過多にならない

　「明日の役員に見せる資料だけど、いくつか確認をしたいので、オンラインでいいので、18時から会議をさせてください」

　このように突発的に会議が決まることはないでしょうか。

　東京都が2023年12月に実施した『テレワーク実施調査結果』によると、東京都内に所在する従業員30人以上の企業のテレワーク実施率は46.1％（回答企業408社）となっています。コロナ禍で緊急事態宣言が発令された頃の50％半ばから60％半ばに比べると徐々にオフィスワークに回帰してきていますが、確実にテレワークは浸透していることがわかります。オフィスに出社しても、自席からオンライン会議に出ている人は多く、会議は手軽に開催できるようになりました。

　また、働き方改革のコンサルティング会社ワーク・ライフバランスとストレス測定のアプリを提供するDUMSCO（ダムスコ）が2022年2月に実施した『テレワークの会議過多による、突然休職のリスクに関する調査』では、調査回答者367人のうち週1日以上出社せずにテレワーク勤務するビジネスパーソンの約18％が高ストレス者で、そのうちの57％は無自覚のまま、突然休職するリスクの高い「隠れテレワ負債者」であることが報告されました。さらに、1日4件以上の会議を境に休職するリスクが急増し、その割合は37％という結果でした。

　これらの調査は、オンライン会議は参加者が場所に限定されずに実施できる便利さがある反面、気軽に会議が招集できることでストレスを生む弊害もあるという実態を如実に現しています。

　いつでもどこでも気軽に召集ができることで突発的な会議が頻繁に行われる職場もあります。筆者が働き方改革についてのコンサルティングをさせていただく企業の中にもそうしたケースがよく見受けられます。その際、生産性やEXを損なう原因の1つとして特に課題にあがるのが「夕方から始まる突発的な会議」です。その日の業務が終わろうとするところで急に会議に召集されるとその後のスケジュールに影響し、計画の組み直しが必要になります。緊急の議題だといつ終わるかもわからず、参加者からするとストレスのたまる状況になります。

　また、問題の1つは、育児や介護などの理由から「参加できない社員」が出てくることです。会議参加者は経緯の説明を欠席者に改めてしたり、情報共有不足からトラブルが起きたりと、組織効率が落ちてしまいます。

　さらには、「参加できない社員」は自分たちが除け者扱いされたと思ったり、気遣いさせて申し訳ないと思ったりし、何か居心地の悪さを感じるようです。

　このように組織内で居心地の悪さを誘発するような会議は当然ながらEXにおいては弊害でしかありません。特に、成果を出すために残業は当然と考えるような人のマネジメントにこうしたことが起こりやすいといえます。こうした組織が働き方を良い方向に変えるには、上司から意識変革と行動変容を起こさないとなりません。

　従業員エンゲージメントの低下が経営課題となった会社の出来事を紹介しましょう。

　同社では、エンゲージメント調査の結果、複数の職場において、エンゲージメントスコアが著しく低いことがわかりました。その課題解決のために人事部門が主導して、ボトムアップを促す現場単位でのワークショップを実施しました。その中で、上司が頻繁に時間外の会議を行うことを問題とする職場があり、メンバーから「時間外会議は役員承認を要する」という新ルールが提起されました。それを試しに行ってみると、

時間外会議は一切なくなりました。そして、仕事に支障をきたすかというと、全く何の問題も生じませんでした。「時間外であっても会議をしなければ、仕事が回らない」というのは上司の固定観念であったことが証明されたのです。同社はそのルールを全社に展開し、会社全体で会議は就業時間内に行うことが定着していきました。

　そもそも会議に喜んで参加する人はあまりいません。「会議は時間の無駄」と感じている人が多いのが日本の職場の実態です。会議をいかにストレスのない場にするのか、メンバーのエンゲージメントが下がらない内容にするのかは、これから会社が課題とする「選ばれる職場」になるかどうかを左右する要件であることは間違いありません。

　会議は原則就業時間内に行うのは当然として、**「参加者の納得感が得られる会議とは何か」を突き詰めることはEXにおいてとても重要なこと**です。そのことをマネジメントの共通認識にしなければなりません。

Point 4 「オープンな対話」で働きやすい環境にする

　日本は、世界の中でも意見や行動を多数派に合わせてしまう同調圧力が強い国だといわれます。集団主義的な日本社会では「空気を読む」ことが暗黙的に根付いていることがその背景の1つにあります。

　残業が当然のように行われていた頃は、「上司が退社するまで部員は帰れない」という職場がありました。そこまでではなくても、ハイブリッドワークでありながら毎日出社する上司に気兼ねして出社日を増やしたりするといったように、少なからず「空気を読む」職場は日本企業に現在も残っています。

　職場の空気を読んで周囲に合わせるのは、自分に「小さな我慢」を強いることでもあります。「小さな我慢」はそれが続くと「嫌な体験」として積みあがっていきます。

　周囲に気兼ねが必要な同調圧力がある職場を変えるには「空気を壊

す」ことが必要ですが、その空気に馴染んできた人が「空気を壊す」行動に出ることはかえって職場から浮くことになりかねません。

　ハイブリッドワークが増えて「付き合い残業」が減ったように、多数派が変わると空気が変わります。「小さな我慢」を強いられる多数派を平和的に変えるには、オフィシャルな場で働きやすい職場のあり方についてオープンに話し合うことです。

　ある会社では、職場単位で上司を交えて「どう働きたいか」を皆で話し合う取り組みを行っています。そこでは、出社と在宅のバランスや休憩の取り方、オンライン会議のルールから雑談の効用まで、皆が働きやすい職場づくりについて話し合われます。

　この会社のケースのように、**同調圧力のある職場を正していくのは、「オープンな対話」**です。おかしなことはおかしいと話すことができ、皆が自分らしく働ける。これが良いEXの条件の1つです。

ウェルビーイング
——心身の健康を超えた"よく生きる"ことの追求

Point 1 育児や介護の問題が相談しやすい雰囲気をつくる

　日常的に医療的ケアが必要な子どもを「医療的ケア児」といいますが、その数は年々増加傾向にあり、2005年の1万人弱から2021年はその倍の2万人を超えました（厚生労働省調べ）。医療的ケア児は親など家族が在宅でつきっきりの看護が必要になることも珍しくありません。

　また経済産業省は、働きながら家族の介護をする「ビジネスケアラー」は2030年に約318万人になると推計しています。

　介護は親だけではなく、パートナーの怪我や病気もあります。通院やリハビリなどの身体的サポートに加え、メンタルケアも必要になる場合もあります。

　家族の看護や介護は多くの場合、何をどうしたらよいか、どこに相談したらよいかがわからない状態からスタートします。そうした事情を抱える社員としては私的な理由で周囲に迷惑をかけたくないと考えがちです。そして、看護・介護と仕事の両立で無理を続ければいずれ疲弊していきます。

　この状態に陥らないようにするには、「職場の理解」が必要です。自分が抱えている事情を周囲にオープンにしやすいように、職場全体が困ったことがあれば遠慮せずに言ってほしいという雰囲気を醸成することです。

　このことについて、ある企業ではユニークな取り組みが行われました。それは、全従業員を対象にした「介護研修」です。「隠れ介護こそ経営上のリスク」と経営者が判断したことがその背景にありました。介護の問題は当事者だけではなく、上司や同僚などの職場の人全員が理解して、

オープンな職場をつくらねばならないという想いで推進した取り組みでした。

研修の冒頭では、介護はすべての従業員に関係することが強調されました。そして、介護による経済的・時間的な負担や仕事との両立、職場のサポートのあり方などについての講義や意見交換が行われ、「独りで抱え込まずに、周囲にオープンにし、相談すること」のメッセージが繰り返し伝えられました。

同様に、育児についても全社的取り組みを推進しました。介護休業の取得とともに男性従業員の育休取得率も高まり、あわせて育児や介護の問題を上司や人事部に相談する件数も増えたそうです。

この企業のように、会社として育児や介護の悩みや問題を相談しやすい雰囲気をつくり、従業員1人ひとりの「働く前提」を理解することが職場全体の働きやすさを生み出していきます。

Point 2　休業・休職者の業務を適切に割り振る

前項では育児や介護などの事情を抱える従業員に配慮する職場づくりについて言及しましたが、そうした従業員への配慮が他の従業員への負担にならないようにすることも必要です。

例えば、「逆マタハラ」問題です。これは妊娠・出産・育児にある人がマタハラを逆手にとり、やりたくない仕事を避けたり、自分への気遣いを過剰に求めたりするなど、周囲の人への業務負荷や必要以上の気遣いが強いられる問題行動のことです。

こうしたことをはじめ、職場の雰囲気を悪くする問題行動を起こす社員がいれば、上司は迅速に対策を講じることです。

まず、問題行動がある本人に自身の言動が周囲にどのような影響を及ぼしているかを伝え、率直に話し合います。例えば、家族の看護や介護にある社員には、時短や休暇などの取得は制度的な権利ではあるものの周囲の配慮で成り立っていることや、周囲との協調を忘れないことを理解してもらいます。

このとき、上司は本人が抱える事情を鑑みながらも、なぜ問題行動を起こしているのかを対話の中から把握し、丁寧なケアをしなければなりません。他者の抱える事情はその人の立場にならないとわかりにくいものです。ある企業の管理職の方は当初、産休・育休で時短勤務をする部下を苦々しく思っていました。しかし、突然自分の親の介護に直面してこれまでどおりに勤務できなくなったとき、周囲が理解してくれて多くのサポートを受けた経験をし、これまでの自分の考え方を反省したそうです。

こうした問題とは別に押さえなければならないのは、休職者が出たときの業務負荷への対応です。突発的に時短勤務や休業・休職が発生しても、簡単に人員補充できるわけではありません。休業・休職は復帰が前提であるため、その穴埋めで人員を補充してしまうと休業・休職者が復帰したときに人員余剰になります。

こうした状況に有効な手段として「ドミノ人事」があります。**ドミノ人事とは、休業・休職者が出た段階で業務全体を見直し、部署全体で少しずつチャレンジングな配置に組み直すことです。**

まず、休業・休職者の業務を難易度順に分類していきます。その業務を若いメンバーから「経験の糧になる業務」になるよう割り振ります。このとき、業務負荷にならないように派遣社員の採用や外部委託も検討し、不要な業務の整理も行います。そして部署全体として配置を組み替えるのです。これは業務の合理化になるとともに、メンバーの成長を促すアサインメントにもなります。

ある外資系企業では、営業システムへの入力業務が恒常的な負荷になっていました。複雑なインターフェース、英語での入力、頻繁なアップデートへの対応、本国との折衝など、営業以外は不慣れな業務に営業社員が苦労していました。そこに休職者が出ることになりましたが、この状況を次のように乗り切りました。

　まず、時短勤務をしていたメンバーをシステム対応の専任者として配置換えを行い、営業システム業務をそこに集約させました。そして、営業社員全員の業務を整理し無駄をなくしたうえで、休職者の担当顧客を割り振りました。その後、休職者や復職者が出るたびにドミノ人事を行いました。

　この取り組みは休職者にも在籍者にも好評でした。営業社員は業務が整理されて自分のやるべきことが明確になったこと、時短勤務者はシステム関連業務を集中して担当することで業務のコントロールがしやすくなることに加え、メンバーから感謝されるようになったこと、休職者は顧客にもメンバーにも迷惑にならずに休職できるようになったこと、そして会社としても従業員のエンゲージメントが高い状態で働いてもらえることといったように、誰もが納得できる施策につながったのです。

　ただ、**全体的なアサインメントの見直しが難しい職場ではドミノ人事の導入は困難かもしれません。その場合、他者への貢献には高い評価が得られる「加点的評価」を検討してみる**とよいでしょう。

　日本企業の人事評価は相対評価であることが多いといえます。相対評価では、売上や利益などの定量的な業績が優先され、他者のサポートといった定性的な貢献はプラスアルファとしてみられがちです。そのため、従業員は数値目標を必死になって追いかける一方、勤務態度や他者貢献などのウエイトがどうしても低くなる傾向があります。

　ある企業では、「他者への貢献」を通常の評価調整の枠外として評価軸に入れています。特に、休業・休職者などのサポートにあたる従業員には、一段階高い評価の特別対応ができるようにしています。「他者への貢献」を別枠で加点することで従業員に支援し合う意識が醸成され、これがその後企業風土に定着し、従業員のエンゲージメントと定着率の向上につながりました。

Point 3 燃え尽き症候群を未然予防する

　優秀でやる気にあふれていたメンバーが急に意欲や活力を失い、休みがちになったり、これまでのように成果が出せなくなったりする燃え尽き症候群の問題がコロナ禍のリモートワークが始まった頃から急増しています。その症状は次の3つに分類されます。

　①情緒的消耗感：精神的疲労度が増加した状態（心身ともに疲れ果てて
　　何もしたくないという感情や気分）
　②脱人格化：顧客や同僚に対して配慮や思いやりがなくなった状態
　③個人的達成感の低下：仕事に喜びを感じることができず、自らの職
　　務の重要性を低く見積もる状態

　燃え尽き症候群の原因は、個人と環境に二分されます。個人については、真面目・ひたむき、完璧主義、他者に強く関心を持とうとする姿勢など、その人の性格に起因するものです。環境については、過度な業務負荷や強いプレッシャーを受け続ける職場環境や上司との関係などが原因だといわれています。

　燃え尽き症候群を回避するには、まずは休暇や休息が取りやすい職場環境にすることです。真面目でひたむきな性格の人ほど無理を続けがちですが、そうした人がいれば休暇や休息を取るように周囲が働きかけることです。スポーツの世界でも「オーバートレーニング症候群」が原因で慢性疲労状態に陥るアスリートが増えています。どこの世界でも過剰に働き過ぎると、パフォーマンスは低下します。

　また、上司が仕事人間だとメンバーは休暇を取りにくいものです。よって、上司自ら休むときと働くときのメリハリのある姿勢を見せることも燃え尽き症候群の未然防止に有効です。

　リモートワークが普及する中で、人とのつながりは安心して仕事をするうえで重要な要素であることが再認識されました。しかし、それはあ

くまでも「健全なつながり」であることが大前提です。業務時間外での仕事の連絡があまりにも頻繁だったり、休暇中に会社から連絡があったりすることで疲弊し、燃え尽き症候群になる人の増加が指摘されています。

　労働組合の全国組織、連合の調査では「勤務時間外に部下・同僚・上司から業務上の連絡がくることがある」と72.4％が回答し、62.2％がそれによってストレスを感じると回答しています。

（出所：日本労働組合総連合会『"つながらない権利"に関する調査2023』）

　また、厚生労働省による労働時間制度に関する調査報告では、「勤務時間外や休日には、災害時等の緊急連絡を除いて連絡しないこととしている」企業が29.4％、「翌営業日に対応が必要など、急を要する業務に関する連絡のみ認めている」企業は27.1％と、なんらかのルールを決めている企業が半数を超えています。

（出所：『労働時間制度等に関するアンケート調査結果について（クロス集計等）』
実施主体：PwCコンサルティング）

　この問題に関してフランスでは2016年の労働法の改正で、従業員50人以上の企業は勤務時間外のメールなどを遮断する権利を従業員が有することが義務付けられました。日本でもその流れが進んでいます。

　燃え尽き症候群を招かない職場にするには、職場全体がその共通意識を持つことです。例えば、「チームケア」への取り組みが有効です。「チームケア」とは、仕事の接点のあるマネージャー、一緒に働くメンバー、メンターなどとチームを組んで疲弊している様子の人をサポートすることです。

　著者の所属する部門では、数十名単位のチームごとに月に1回「ピープルケアミーティング」を行っています。これは、複数の管理職が集まって、自チームのメンバーが抱える問題などを共有しながらサポートし合う場であり、会社全体で社員のケアに取り組むための施策です。

　上司が部下をケアするだけでなく、会社全体としての取り組みである

「チームケア」は会社に安心感を抱いてもらううえでとても有効な施策になります。

Point 4　社外での活躍をポジティブに捉える

働き方の多様化に伴い、副業やボランティア、海外留学、起業など所属先以外でさまざまな経験がしてみたいと考える人が増えてきています。それには、会社の理解が必要です。

例えば副業は、会社の容認が前提条件になりますが、社員のキャリアやスキルの開発などを理由に副業を解禁する企業をよく見聞きするようになりました。

転職サービスdodaが2023年8月に20~59歳の正社員男女1万5,000人を対象に実施した『副業の実態調査【最新版】』では、副業をしている人が8.4%であり、検討中の人（16.6%）を含めると25.0%となり、回答者の4人に1人です。また、副業が会社で認められている割合は27.5%と前年より2.2ポイント増えています。

筆者が所属するPwCコンサルティングも副業を認めており、その種類は個人事業主から劇団員まで多岐にわたっています。活動する時間は休日や就業時間後であったり、時短勤務を併用して週1〜2日だったりとこれもさまざまです。副業の許可を得るには副業の内容や勤務形態、取引先や収入見込みなどを会社に申請します。そして、定期的なモニタリングが行われます。実際に筆者2人も公的機関の委員、発展途上国に所在する企業の研修講師を副業で行っています。

副業のようにキャリアの可能性を広げること以外に、自分時間を持てる施策も働きやすさの重要な要素です。少し心身を休めたい、学び直しをしたい、ゆっくりとこれからの人生を考えてみたいなどといった従業員のニーズに、会社は適切に応えていかなければなりません。これを軽視すると、極端な場合、退職という選択をする人が出てきます。

こうした働き手のニーズに合わせて、「**サバティカル休暇制度**」を取

り入れる企業が徐々に増えてきました。サバティカル休暇制度とは、長期間在籍している従業員に理由を問わずに、1カ月など一律で長期休暇を付与する制度です。サバティカル（sabbatical）は「研究休暇」「充電休暇」が原義ですが、サバティカル休暇の取得目的は研究や学習に限らず、自由であることです。

　制度自体は1990年頃フランスやスウェーデンなどで始まりましたが、日本では、2018年に経済産業省が主催した「我が国産業における人材力強化に向けた研究会」で、周期的に学びを続けるリカレント教育とともに紹介されて関心が高まりました。

　ある企業では、勤続10年以上の社員に最長1年間のサバティカル休暇を認めています。サバティカル休暇中は無給ですが、取得時に支援金として一律30万円が支給されるそうです。同社では、サバティカル休暇を自らのキャリアを見つめ直す機会であるとともに、次のスタートに向けての充電期間と位置付けています。実際、海外でのプチ生活、専門学校への通学、なかにはマイナー競技の世界大会への出場や寺で僧侶の修行をした人もいるとのことです。学ぶ、旅する、休む、家族と過ごす。それぞれが思い思いの過ごし方をしてもらい、復帰後はリフレッシュした状態で思う存分に活躍してもらえることを期待していると聞きます。

　会社で働きながら1人ひとりの活躍の場を社外に広げる後押しを会社がしてくれることで、従業員にとって会社は居心地の良い"ホーム"となり、これまではなかなか経験することのなかった従業員体験として深く心に刻まれることになります。その体験が従業員の視野を広げるとともに、会社に対するロイヤリティや帰属意識を高めていくのです。

第 6 章

先進企業4社の
事例

顧客との関係性から生まれるEX
メルカリ

◎EXの向上自体を目的にはしていない

　地球資源が限られているなか、より豊かな社会をつくるために何ができるか——。

　創業者の山田進太郎取締役兼代表執行役CEO（社長）が世界一周の旅で抱いたこの課題から、2013年、フリマアプリ「メルカリ」は生まれました。

　株式会社メルカリ（以下、メルカリ）のグループミッションは、「あらゆる価値を循環させ、あらゆる人の可能性を広げる」です。

　物理的なモノやお金に限らず、あらゆる価値を循環させることで、誰もがやりたいことを実現し、人や社会に貢献するための選択肢を増やすことができるとの確信から、テクノロジーの力で世界中の人々をつなぎ、あらゆる人の可能性が発揮される世界を実現していくことを目指しています。

　創業10年余りでグループを含め社員数2,101名（2023年6月時点）の規模の会社に急成長するなかで、会社として大事にしてきたことは、山田CEOがメディアのインタビューでよく口にされているように「人材」です。人材を大切にする企業姿勢は人事政策によく表れています。その1つがEXへの取り組みがあります。

　今回取材に応じていただいたPeople Experience Teamの早川亜貴氏の部署名はEXのEmployeeではなく、Peopleです。これはEmployeeだと主従関係が感じられてしまうからだそうです。

　「メルカリは創業時からEXを重要視してきています。しかし、EXの向上自体を目的としているわけではありません。サービスを通してユーザーに良い体験（CX）を届けることをまずは会社として大切にしており、

それを実現するには社員のEXが欠かせないので重要視しているのです」（早川氏）と顧客との関係性からEXを捉えているとのことです。

そのメルカリのEXにおける特徴には大きく次の2つがあります。

- 社員の声を諸施策に反映する組織カルチャー
- 社員のライフステージに合わせた支援の充実

◎社員の声を諸施策に反映する組織カルチャー

メルカリの企業風土の1つが、社員の声を広く聞き入れることです。それが具体的にわかる取り組みに、誰でも自由に質問や意見ができる場の「**オープンドア**」があります。

「オープンドア」に上がるテーマは、会社の方針や新規事業の立案、新サービス開発といった経営や事業的なことから、社内制度の導入や運用、改定など社員の働き方や福利厚生のことなど多種多様です。社員はそこでさまざまな会社の動向や情報を知ることができ、また自分の意見や感じたことをその場で伝えることができます。

ここで出たクリティカルな意見やフィードバックは該当する社内チームが持ち帰り、内容を精査します。案件によっては、取締役会まで上がることもあるそうです。

「オープンドア」はあくまで広くメルカリで働く人の声を聴く場であり、訴えを聴き入れることとは違います。

例えば、制度改定に反対する社員の声が出てきたとして、その人の反対意見やその真意をきちんと聴き取ることが「オープンドア」です。その声について議論し、メルカリにとってベストな判断は何かを決めるきっかけと位置付けられています。意見を率直に反映するかどうかは、改めて「オープンドア」で共有されます。

また、メルカリでは年に数回、現在の働く環境や自身が抱える問題などについて社員にアンケートを取り、その分析結果を可視化して組織にフィードバックする「**Engagement Survey**」を行っています。特に、

社員に直接影響する評価制度や福利厚生制度に関しては、毎年定期的に行われています。

「社員の声を聴く」一環としてのアンケートですが、社員の負担にならないようにも配慮がなされ、実施回数も一定の制限をするようにしているとのことです。これは、回答の精度が落ちたり、形式的になったりしないために行われています。また、実施後は確実にアクションにつなげることで社員の声を大切にしている姿勢が示されています。

◎社員のライフステージに合わせた支援の充実

EXの向上を図るもう1つのテーマが、社員個々の成長支援です。従業員のパフォーマンスの最大化のために働く時間や場所を自由に選択できる「YOUR CHOICE」、社員のライフステージに合わせた人事制度「merci box（メルシーボックス）」などがその一例です。

メルカリには3つのバリュー

"Go Bold──大胆にやろう"

"All for One──全ては成功のために"

"Be a Pro──プロフェッショナルであれ"

があります。2016年2月に導入した「merci box」は、その中で「Go Boldにおもいっきり働ける環境」を充実させることを目的としています。具体的には、産休・育休を取得した社員への復職一時金支給をはじめ、妊活の支援、病児保育費の支援、社員の死亡保険加入など、従業員の日常生活に起こり得るさまざまなことへの備えを会社として支援しようとする仕組みです。

制度導入時は主に育児関連の支援が盛り込まれていましたが、介護に携わる社員の増加に伴い介護関連の支援も充実させるなど、社会の流れや会社の成長に合わせて支援内容を定期的にアップデートしています。

「merci box」のように全社員を対象にした制度のほか、より良いEXのために社員個々の問題にも柔軟にきめ細かく対応しています。例えば、外国籍社員が通院のために本国へ帰国する際の手続きや支援を個別対応

するなど、こうした点に「人材」を大切にする同社の姿勢がうかがえます。

◎EX専門部署を置かない理由

こうした諸施策をはじめ、EXの向上につながる制度や仕組みを充実させてきた同社には、実はその専門組織がありません。人事全体の方針を所管する部署であるHR StrategyがEXにかかわる戦略検討は行いますが、各人事組織がそれぞれの担当領域についての施策を検討して実行しています。

その背景には、人事スタッフ全員がEXの概念を熟知しているので、専門組織がなくても各人事組織が主体的に取り組む状態が整っていることがあります。全社的に見ても、EXが根付いていることも大きな理由です。

これほどまでにEXが浸透しているのは、メルカリがミッションやカルチャーを大事にしているためです。

メルカリでは従業員の行動指針として、先述した3つのバリューと、バリューを最大限発揮するための組織の価値観として4つのファンデーション（Sustainability、Inclusion & Diversity、Trust & Openness、Well-being for Performance）を掲げています。これまで紹介してきたメルカリの特徴的な取り組みは、これらと深く紐づいています。なかでも、ファンデーションの1つ、「Well-being for Performance」は同社のEXへの姿勢をよく表すものです。

メルカリではWell-beingを「ひとりひとりが自身の限界を引き上げ、バリュー発揮と成果を最大化させるために、心身のコンディションを維持することにオーナーシップを持つこと」としています。つまり、自律的にパフォーマンスを発揮することを通して成長していくことが組織における個人の最大の喜びだと理解できるのではないでしょうか。

同様に、「オープンドア」や「Engagement Survey」による従業員との対話は「Trust & Openness」、「merci box」による働くうえでの障壁

に対する支援は「Inclusion & Diversity」につながっています。

　これらすべてに、山田CEOが創業より大切にしてきた「人材」への想いが帰結しています。

　フリマアプリを牽引してきたメルカリですが、創業から10年余、さらなる成長を続ける過程にあります。EXをはじめとする人事戦略も一層アップデートしていくことが予想されます。

　今後のメルカリの人材に関する戦略について早川氏は次のように述べています。

　「世界最高峰の人事制度を目指して、これからも人事制度の改善に注力します。メルカリの今後の発展を考えると、国内外から優秀なエンジニアを採用・獲得することが必要不可欠です。そのためには、メルカリが優秀な人材から働きたいと思われるような企業であり続けなければなりません。魅力的な人事制度を整備することで、メルカリの魅力の向上に貢献したいと考えています。」

●取材協力

早川亜貴氏（株式会社メルカリ People Experience 部門）

CASE 2

はたらくことの喜びを生み出す仕組み
パーソルグループ

◎グループビジョン「はたらいて、笑おう。」

　パーソルグループは、人材派遣サービス、転職サービス、BPOや設計・開発など、人と組織にかかわる多様な事業を展開し、多くのサービスラインナップによって1人ひとりの「はたらく」をサポートしています。近年ではアジア・パシフィック地域におけるサービス拡大に取り組み、グループ全体で710拠点（2024年2月時点国内：523 海外：187）、従業員数は6万6,944名（2023年3月31日時点）にのぼります。

　社名の「パーソル（PERSOL）」は、"人"の成長を通じて（PERSON）社会の課題を"解決"する（SOLUTION）ことを標榜する造語です。

　人は仕事を通じて成長し、社会の課題を解決していく。だからこそ、はたらく人の成長を支援し、輝く未来を目指したいという想いが込められています。

　それを実践するために「はたらいて、笑おう。」をグループビジョンに据え、「はたらく個人」に目を向け、その多様な価値観を尊重し、「自分の"はたらく"は自分で決める」ことで「すべての"はたらく"が、笑顔につながる」社会の実現を目指しています。これにより、はたらく人の輝きや可能性を尊重する姿勢をグループ全体に浸透させています。

　「はたらく個人」には、自社ではたらく社員と派遣スタッフも含まれます。2016年に策定されたグループ共通人事ポリシー「Advanced HR Showcase」には、「はたらく個人」を重視する企業だからこそ、自社の社員1人ひとりにも先進的な人材マネジメントを提供したいという想いが反映されています。

　業界の先駆者として自社の顧客にも紹介できるような誠実で科学的な人事を目指し、先進的・実験的な取り組みが行われています。

同社人事部山崎涼子氏によると、人事部門では「Advanced HR Showcase」のもと、派遣スタッフを含む多様な人材が"はたらくWell-being"を体現し、価値創造を推進する組織を目指していくためのさまざまな施策が展開されているとのこと。そのうちの「エンゲージメント向上の仕組み」「キャリアオーナーシップ」「管理職のタレントマネジメント」の3点についての具体的な取り組みは次のとおりです。

◎エンゲージメントサーベイを中心としたデータドリブンな施策検討

　パーソルグループでは、エンゲージメントや"はたらくWell-being"を高めるために、「健康ではたらく」「関係性」「自律性」「自己効力感」「グループビジョンへの共感」という5つのキードライバーを設定しています。そしてこれらの状態を測定するためのエンゲージメントサーベイを年1回実施しているとのことです。

　5つのキードライバーは当初、パーソルグループが大切にする人事に関する要素と、エンゲージメントに関する一般的な理論などを参考にしながら定義された仮説でした。そして、サーベイの実施とその検証を繰り返しながらエンゲージメントとの関係性を分析していったそうです。サーベイ結果のレポートでは各設問のスコアを報告するだけでなく、「はたらいて、笑おう。」指標と5つのキードライバーの関係性を分析しています。

　毎年、サーベイ結果を踏まえて、経営陣、人事、現場のそれぞれがエンゲージメント向上のための具体的なアクションを策定・実行しています。グループの重要な人事事項を議論する人事委員会では、担当役員自らが管掌組織の具体的なアクションプランを提示し、議論を深めるなどグループ全体でPDCAサイクルを回しています。

　「経営と方針や施策を議論する際にデータはよりどころとなるため、人事は社員に関するデータに最も詳しい存在であるべき」（山崎氏）としています。

◎キャリアオーナーシップの醸成と社内労働市場の活性化

　パーソルグループでは、「**キャリアオーナーシップ**」の考え方を重視しています。「キャリアオーナーシップ」とは、社員1人ひとりが主体的にキャリアを形成する意向と行動のことです。同社ではこの考え方に基づき、社員が自身のキャリアについて考える機会（＝意向の醸成）とキャリアの選択肢（＝行動の支援）それぞれの施策を豊富に用意しています。

　なかでも特徴的な取り組みが、「**キャリアチャレンジ**」です。これはグループ横断の公募型異動制度で、所属会社や職種の枠を超えてグループ内のオープンポジションに応募でき、選考に合格すれば転籍が実現します。2017年の開始後その数は年々増加しており、2023年は111名が異動を果たしています。

　制度導入当初、現場からは「異動が増えると組織運営が立ちいかなくなる」と懸念する声が上がりました。しかし運用を始めてみると、異動希望先は思っていた以上に多岐にわたり、うまくバランスが取れていたのです。数年間のモニタリングの結果、特段の懸念はないということで同制度は定着しています。そして、異動などにより人材が抜けることはどの組織にも起こり得ることであり、むしろ人材を自チームに惹きつけるにはエンゲージメントの高い組織づくりが必要とする考え方が浸透してきているそうです。旧来型のジョブローテーションといった組織運営上必要な仕組みを残しつつも、社員の異動希望にポジティブに応えていく姿勢は今後も重視していくとのことです。

　これ以外にも、社員にキャリアデザインの機会を提供する公募型研修制度「**Smyle**（スマイル）」、グループ内の別部署の仕事が体験できる月最大8時間×3カ月の社内インターン「**ジョブトライアル**」、社内システムに登録されている社員の経歴や異動意向をもとにグループ内の募集部署が直接社員をスカウトする「**キャリアスカウト制度**」など、社員の多様なニーズに応える仕組みが用意されています。

　また、施策の効率や効果を高めるためのシステムも独自に構築されて

います。研修のワークシート登録や「キャリアチャレンジ」のエントリーなどキャリアに関連する情報を同一システムに集約することで、社員の1人ひとりの意向を尊重したキャリア開発がスムーズに実現できる仕組みが構築されています。

そして、このシステムは人事部の業務の効率性にも寄与しています。施策を充実させつつ、人事部門の業務が逼迫しないようシステムを活用することで業務の効率化を実現し、以降、人事部門のエクスペリエンス向上も図っているとのことです。

◎管理職育成・タレントマネジメント：管理職を「最高のリーダー」に

同社では、管理職をエンゲージメントや顧客満足度を高めるためのキーパーソンとして捉え、次世代経営人材の育成と全管理職の「最高のリーダー」化を目的とするプログラムを推進しています。

「最高のリーダー」とは、「成果を最大化し、力強くビジネスを開拓しながらも、組織のエンゲージメントを高める」リーダーを想定しています。現場の状況に応じて適切にリーダーシップを使い分けることができる「最高のリーダー」に求められる能力開発の機会として、階層別のプログラムが設計されています。

まず、グループ横断の新任管理者研修として、マネジメント業務に必要な知識やスキル、マインドを学ぶ1年間の合同プログラムを実施しています。新任管理者研修は3段階で行われることになります。マネジメント着任時の「スタートアップ研修」では日常的に必要なマネジメントの知識・スキル・考え方について学びます。半年後の「フォローアップ研修」では半年間の振り返りと目指すべき管理者像を具体化します。そして1年後の「ステップアップ研修」では部下のキャリアデザインに必要なトレーニングや360度サーベイによる自らの行動の振り返りなどを行います。社内で重要度が高いとするこの研修には、CEOやCHROも登壇します。

　課長層以上には、チームの関係性を強くするリーダーを育成する「**チームパフォーマンスプログラム**」や、次世代経営人材としての視座を養う選抜型研修「**未来義塾**」などの機会が提供されています。

　「チームパフォーマンスプログラム」は、チームの心理的安全性を高め、自律性を引き出すことを目的とするアクションラーニング型の研修です。主な対象者は組織開発をリードする課長層で、社内の組織開発ファシリテーターがマネジメント業務について実践的な支援を行います。チーム単位での参加が条件であり、各チームは6カ月にわたりリフレクションやチームメンバー同士の対話を通じた組織開発に取り組みます。半期に数チームの参加ですが、2030年をめどに全管理職の受講が完了することを目標にしています。

　「未来義塾」は、課長から部長層を対象に組織のエンゲージメントを高めるマネジメントの要諦や、社会課題解決に向けたリーダーシップを学習するためのプログラムです。

　また「未来義塾」のほかに、経営幹部としての考え方や人間関係の構築を目的とした「**未来志塾**」があります。「未来志塾」はリベラルアーツとリーダーシップをテーマに、グループの経営や外部環境の課題などについてディスカッションするアクティブラーニング形式の研修です。講師からの問いかけや参加者同士が対話を行いながら、日常的に取り組んでいるビジネスとは異なる分野に対する思考のトレーニングを行っています。

◎施策推進の秘訣

　これらの施策は人事部門と現場の連携により実行力が発揮されるものです。パーソルグループには、グループ横断の人事施策を担う「グループ人事」、各SBU（Strategic Business Unit）とFU（Functional Unit）の人事施策を担う「SBU/FU人事」、グループ各社ごとに設置されている「各社人事」の3つの人事部門があります。このうち、グループ人事とSBU/FU人事の上級管理職が月に1度集まり、グループ横断の人事の課題や

施策などを討議する会合が行われています。ここでの決定事項は速やかに現場に展開されます。

　その際に重視することは、「新たな制度の導入などの場合、リスクや懸念点を洗い出し、曖昧な部分を残さないように努めています。どのような狙いにもとづく制度なのか、社員に何を提供したいのかという根幹の部分から経営も含めてしっかりすり合わせ、やり切る覚悟をもって進めていくことが重要だと考えています」（山崎氏）とのことです。

　パーソルグループでは人と組織を大切にする「パーソルグループらしい施策」を社員目線で各所に展開することで、会社と社員の対等な関係の構築に努めています。そのため、リーダーたちは社員に選ばれる組織をつくらねばならないという使命感のもと、エンゲージメントやウェルビーイングを高め合う環境づくりに注力しています。

　この活動を根底から支えるのが、グループビジョン「はたらいて、笑おう。」です。はたらくことの喜びや楽しさを生み出す仕組みを会社として企画し、推進していく。それを社員が自分ごととして受け入れ、より社員にとって働きやすい環境づくりに結びつく施策を展開する。この循環が、より充実した従業員体験につながっていくのかもしれません。

●取材協力
山崎涼子氏（パーソルホールディングス株式会社 グループ人事本部 人事企画部 部長）

働き方の自己決定を尊重する会社
ユニリーバ・ジャパン

CASE 3

◎『Be Yourself(あなたらしさ)』

「サステナビリティを暮らしの“あたりまえ”に」すること。それがユニリーバのパーパスです。ユニリーバは2010年に成長とサステナビリティを両立するビジネスプランとして、約50の数値目標を含む「ユニリーバ・サステナブル・リビング・プラン（USLP)」を導入。これは、国連でSDGs（持続可能な開発目標）が定められる5年程前のことです。USLPとSDGsには密接な関係があり、USLPはSDGsの14の目標には直接的に、残りの3項目には間接的に貢献するようデザインされていました。2021年にはUSLPの後継プラン「ユニリーバ・コンパス」を導入し、さらに取り組みを進化させています。

ユニリーバは創業当時から先駆的かつ革新的な存在であり続けています。1884年、まだ、衛生的な生活習慣が根付いておらず、多くの人々が不衛生を原因として命を落としていたなかで、同社石鹸製品は発売されました。まさに、「清潔さ」を暮らしの“あたりまえ”にすることで、社会・環境問題を解決したのです。

世界が直面している社会・環境問題に対してアクションを起こし、製品・ブランドを通して人々の暮らしをより豊かにしていきたいという考え方が、同社の根底にあります。また、会社として社会・環境を豊かにすると同様に、従業員も豊かに生きることができることを重視しており、EXにも積極的に取り組んでいます。

「ユニリーバが大切にしているのは、『Be Yourself（あなたらしさ)』です。従業員が自分らしくあるときにこそ、本来の力を発揮することができると考えているからです。これは、EXを重視する理由でもあります。

従業員の誰もが自分らしくいきいきと働くことができるような環境の整備に取り組んでいます」と、同社People Experience & Operations Manager登野城昌和氏はEXへの取り組み姿勢を述べます。なお、People Experience & Operationsは、社員の従業員体験を目的に、データやテクノロジーを重要視したプロセス改善や社内全体のエンゲージメントを高める制度設計などに取り組むことが主な役割の組織のことです。

そして、ユニリーバでは大きく2つの点を中心に、EXの充実を図っているとのことです。それが次の2つです。

- パフォーマンスにフォーカスした働き方の自己決定の尊重
- 人事部によるサステナブルオペレーション・リライアブルサービスの実現

◎働き方の自己決定の尊重

パフォーマンスベースのカルチャーがあるユニリーバ・ジャパンでは、チームとしてのパフォーマンス、クリエイティビティ、生産性が高まる働き方の追求を常に考えているとのことです。

この考えに基づいて、オフィスで就業することの意義を4C（Connect, Collaborate, Create, Celebrate）で表し、東京・目黒の本社をこの働き方が実現できるレイアウトに変更したのが2020年12月のことでした。ワークプレイスを自律的に選べる同社では、このオフィスをはじめ2024年現在、週に2日から3日の出社を奨励しています。オフィス外での働き方については、上司の承認のもと、自律的に決定することができます。これは「Work from Anywhere and Anytime（WAA）」という制度として運用されています。

その名称のとおり、従業員が働く場所や時間を自由に選ぶことができるこの制度が導入されたのは、新型コロナウイルス感染症の拡大でリモートワークが広がる2年以上前の2016年7月であり、当時としてはユニークな働き方であったことから注目を集めました。そのとき、社員に次のような運用ルールが示されました。

- 上司に申請すれば、理由を問わず、会社以外の場所（自宅、カフェ、図書館など）でも勤務可能
- 平日の5時〜22時の間で自由に勤務時間や休憩時間を決定可能（コアタイムなし）
- 1日の就労時間を決めずに1カ月の所定労働時間を設ける。就労時間が足りない月があれば、翌月調整可能（最大2カ月間）
- 原則全従業員が対象で、期間や日数の制限なし

　働く場所や時間の選択肢が広がったことで、従業員からはモチベーションの向上につながったなど、好意的な反応が寄せられました。実際、制度導入から10カ月後の2017年4月に行った従業員アンケートでは、一度でもWAAを利用した従業員が92%にのぼり、そのうち75%の人が「生産性が上がった」、33%の人が「幸福度が上がった」と回答しています。

　2019年7月には「地域 de WAA」と称する、自治体と連携した地域課題解決型のワーケーションが実施されました。これは、地域貢献によるEXの充実を図るとともに、イノベーションの創出を目的にする取り組みでした。そこでは、次のようなことが行われました。

- 提携自治体内の施設を"コWAAキングスペース（コワーキングスペース）"として従業員が無料で利用可能
- 提携自治体が地域課題の解決に関わる活動を指定。従業員がそれに参加すると、宿泊費が無料または割引
- 現地までの交通費は自己負担、保険料は会社負担

　また、毎週金曜日の午後は「U-Time」という、会議は原則なしで自己成長に使える時間帯があります。社内でトレーニングを受ける、キャリアについて上司と話し合う、EDI（エクイティ、ダイバーシティ、インクルージョン）の推進といった経営課題についての勉強会グループに参加するなど、自分の学びやウェルビーイングのためにこの時間を使うこと

が推奨されています。従業員1人ひとりの成長が会社の成長につながる
という考えが背景にあるからです。

　これ以外にも、自律的なキャリア形成の支援策として「**パーパス・
ワークショップ**」があります。これは社員1人ひとりがあらためて見つ
め直した自分の人生の目的を明文化し社内で共有する施策です。
　その一環として2019年、全従業員対象の「**Future Fit Plan**（FFP）」
が行われています。FFPは、「パーパス・ワークショップ」で明文化し
たパーパスに加えて、リーダーシップの強み、開発向上させたいスキル、
自分のウェルビーイングの状態などについて上司との対話を通じて、業
務目標や能力開発目標、キャリプランに結び付けます。自分と会社の
パーパスが結びつくことで、働く意味や意義がよりはっきりと理解でき
るようになります。こうして社員が何を考え、何を目指しているのかを
理解することによって、会社としての支援方法も具体化されていくこと
になります。

◎サステナブルオペレーション・リライアブルサービスの実現

　人事部門の大きな役割のひとつに、従業員が余計なことに煩わされる
ことなく、会社と個人の成長およびパーパスの実現に集中できる環境を
整備することがあります。そのために同社人事部門では「サステナブル
オペレーション・リライアブルサービス（持続可能なオペレーション、頼り
がいのあるサービス）」を目指しているとのことです。

　その根幹にあるのが、ユニリーバのフィードバックの文化です。同社
のフィードバックは"双方向"という点にユニークさがあります。例え
ば、会社からの従業員への方針の発表や新制度の導入などがあれば、従
業員はフィードバックする機会が設けられます。また、上司からメン
バーへのフィードバックは必要の都度行われますし、メンバーが自分か
ら上司にフィードバックを求めることも多いそうです。

　こうしたフィードバックカルチャーを背景として、人事部門がEXに関する従業員調査を実施するときなど、IT部門をはじめとした各部門と連携し、データの収集や分析をシステマティックに行う仕組みが整備されています。例えば、従業員の声の収集では人事部門が持つHR情報やエンゲージメントサーベイの結果などが使われますが、これらはIT部門や各事業部門などの協力により蓄積されたものです。2023年には従業員からの問い合わせメールをテキストマイニングにかけて課題抽出をする試みも始まっていますが、これもテクノロジーを活用したものです。

　このように、フィードバックに関する施策をはじめ、従業員の働きやすさにつながる取り組みをいち早く運用していくためにHRテックもどんどん先鋭化させています。

　従業員の働きやすさに向けた今後の取り組みについて、人事に関わる登野城氏は「これからの人事にはHRテクノロジーが切っても切り離せなくなると考えています。デジタル化の推進を通してデータ分析の精度向上に尽力し、その結果を反映した施策の立案と実施に取り組んでいきます。同時に、働きやすい環境を整備するための制度を拡充することも必要です。その両輪をバランス良く回していくことで、従業員ひいては会社の発展に寄与していきたい」との方針を示しています。

●取材協力
登野城昌和氏（ユニリーバ・ジャパン株式会社People Experience & Operations Manager）

CASE 4 EX向上のための3大テーマの推進
富士通

◎パーパス経営実現の柱となるEX

　革新的な技術力に裏打ちされた広範囲なテクノロジー・サービス、ソリューション、製品の提供を通じて、顧客のDXを支援する富士通株式会社（以下、富士通）。国内ITサービスでシェアNo.1、グローバルでのシェアも上位にある同社の従業員数は12万4千人を超えています（2024年時点）。

　パーパスドリブン経営を推進する富士通では「イノベーションによって社会に信頼をもたらし、世界をより持続可能にしていくこと」というパーパス（存在意義）を具現化するために、従業員1人ひとりが日々の仕事に自律的に取り組めるよう、働きやすさやモチベーションの向上に資する施策をさまざまに打ち出しています。

　その1つが、2020年にスタートした全社DXプロジェクト「**フジトラ** (Fujitsu Transformation)」です。

　「フジトラ」は顧客や社会のDXをサポートするには富士通自身のDXが必要であり、その取り組みで得た成果・知見・ノウハウ・人材を顧客へのサービスに反映させようとの思いが込められています。そしてこの活動は、12万4千人超の従業員の行動とカルチャーの変革を促すことも意図しています。そこで、日々の仕事を通してDXを基点とする変革活動に取り組みやすいよう、以下の4つの領域を設定しています。

- EX（Employee Transformation）：人・組織・カルチャーの変革
- OX（Operation Transformation）：オペレーションの変革
- MX（Management Transformation）：マネジメントの変革
- CX（Customer Transformation）：事業の変革

　また、社内変革を促す「フジトラ」と同時期にジョブ型人事制度を導入し、人と組織の改革のスピード化を図りました。パーパスの実現にはイノベーションが必須であり、イノベーションを生むのは従業員です。富士通の未来を担う従業員1人ひとりが自律的に活躍できる場を提供する具体策の1つがジョブ型人事制度であり、従業員が活躍できる場を整備し支援する姿勢を明示するものが同社におけるEX（従業員エクスペリエンス）と捉えることができます。EXはパーパス経営を実現する柱となる施策といえるでしょう。

　経営課題として位置付けられる富士通のEXへの取り組みは、大きく以下の3点に特徴が見られます。
- キャリアオーナーシップの推進
- 「選ばれる組織」への挑戦
- 従業員の声（VoE：Voice of Employee）の収集と反映

◎キャリアオーナーシップの推進

　先ほど触れた同社が導入したジョブ型人事制度では、以下に示すようなことが展開されています。
- ビジョン・戦略に基づく組織や職務デザインの実行。
- 従業員1人ひとりの職務内容について、期待する貢献や責任範囲を示した「Job Description（職務記述書）」の作成。
- 職責の高さを表すグループグローバル共通の仕組み「FUJITSU Level」を導入。レベルに応じた報酬水準とすることで、社内公募制度と併せて、より高い職責へのチャレンジを促進。
- グローバル共通の評価制度「Connect」により、社会・顧客へのインパクト・行動・成長を評価。

　これらの施策が機能するには、従業員がキャリアオーナーシップを持つことが必要です。従来の会社主導の配置転換や昇格から一転し、ジョ

ブ型人事制度を導入したことで会社と従業員が対等な関係に変わりました。対等な関係であるということは、従業員の自律性が尊重されるということでもあります。

それに応えるように、ジョブの社内公募や自主的に他部署への異動の申し出が行えるポスティングを大幅に拡大しました。その結果、2020〜2022年の3年間でおよそ2万人が応募、うち7500人が異動を果たしました。

なお、調査の結果、ポスティング制度で異動した従業員のエンゲージメントが向上していることがわかっています。

◎「選ばれる組織」への挑戦

従業員の自律的なキャリア形成が進むことで、各部門は従業員から「選ばれる組織」になることがより強く求められるようになります。

そこで、共感を生む組織ビジョンを検討するために、本部長など組織の長が集まって相互にフィードバックを行う「**ビジョンピッチ**」が開催されています。パーパスは専門チームにより策定されますが、そのパーパスに基づく経営を実現するためのビジョンは組織ごとに設定されるということに、同社の自律を尊重する姿勢がうかがえます。

「ビジョンピッチ」では、各組織長が組織ビジョンを語り、他の組織長や外部のコンサルタント会社などのアドバイスも受けながら、より共感を引き出せる内容に磨いていきます。そのプロセスを経たうえで、本部長は実際に従業員に対してビジョンを語ります。その際は、普段の5割増しの熱量で、本部長自身が何を実現したいのか、実現に向けた障壁やその障壁をどうやって乗り越えるかを伝えるように推奨されているそうです。この後に行われた従業員調査では、ビジョンに共感できている人ほどエンゲージメントのスコアが高いということがわかっています。

また、富士通では多様な働き方を実現するうえで従業員1人ひとりが何に価値を置き、どんな問題や課題を抱いているのかを把握するために、

1on1をうまく活用している様子がうかがえます。

　EXの高い職場とはどのようなものかと考えると、そこで働く個々人への適時適切なフォローがとても重要な要素になっています。そのために有効な施策の1つが1on1です。

　同社では、月1回以上の1on1推奨キャンペーンを全社的に実施しており、定期的に行われる実施率の確認によると、その実績は7割を超えるとのことです。

　実施回数だけでなく、"質"の向上を図る施策も行われています。

　例えば、マネジャー層と社員のアンケートの分析から優れたマネジャーの特性を科学的に導き出すプロジェクト「FMD（Fujitsu Management Discovery）」から得られた知見が部下の自律性を引き出すコーチング型マネジメントに反映されています。理論と実践を通じて、1on1を行う上司自身も優れたマネージャーへの成長が期待できます。

　また、1on1のクラウドツールを導入し、日常的に1on1ミーティングができる仕組みを構築しています。ユニークなところでは、1on1の意義や実施上の疑問などの理解促進を図る「ワン・オン・ワン！！劇場」という4コマ漫画を配信しています。

　エンゲージメント調査を分析すると、1on1の実施頻度や有益度とエンゲージメントのスコアに相関が見られました。特に、有益度の低い1on1を体験した従業員は、実施していない従業員よりもエンゲージメントが低いスコアにあることがわかりました。そこで、1on1の改善点を直属上司だけではなく、直属上司の上司にもフィードバックする取り組みを行いました。その結果、直属上司に対するコーチングがなされるようになり、部下と直属上司双方のエンゲージメントのスコアが向上したそうです。

◎従業員の声（VoE：Voice of Employee）の収集と反映

　EXの取り組みで最も重要となるデータは、従業員の声です。富士通ではさまざまなテーマで従業員調査を行っており、その中にはEXに関

▶ワン・オン・ワン!!劇場

実施時の悩みを描いた4コマ漫画を配信。
1on1ミーティングのポイントをわかりやすく提示

富士通株式会社Employee Success本部提供資料より

するものも含まれています。その充実度は日本企業の中でも極めて高い
といえるでしょう。ただ、富士通にはこれらのサーベイ以外でも従業員
の声が収集できる仕組みがあります。それは「フジトラ」の一環として
実施している「**VOICEプログラム**」です。

「VOICEプログラム」は全社員を対象に特定のテーマに関して意見を
収集し、業務データなどと組み合わせた分析から課題発見を行う施策で
す。「声を力に変えて、変革の風を起こす」というコンセプトのVOICE
プログラムは、働き方改革（Work Life Shift）を推進することにも貢献し
ています。

富士通は2020年からテレワークを原則とした勤務形態を採用してい
ます。テレワーク制度自体はコロナ禍前からありましたが、あまり普及
していませんでした。しかし、パンデミックの到来となり、全社員から
働き方についての意識調査を行うことになりました。

　2020年5〜6月に実施した富士通グループ内での社員調査では、回答者の半数以上から「勤務場所を含めた働き方を変えたい」との意見が上がるなど、社内の意識も変化してきていることがわかりました。

　このような調査結果も勘案し、業務やライフスタイルに応じて時間や場所をフレキシブルに選択できる働き方に舵を切りました。

　「VOICEプログラム」ではテレワークの生産性や業務への影響だけでなく、働き方について広く意見を収集しています。そうした意見の中には、コアタイムなしのフレックス制度の適用拡大、在宅勤務環境整備の補助金の支給、単身赴任の解消、家族事情による遠隔勤務の許可など働き方の柔軟性を向上させる制度の実現に至ったものもあります。

　さらに、従業員の意見を踏まえ、オフィスのあり方の見直しが検討され、テレワークを前提としながら業務の目的やライフスタイルに合わせて自律的に働くことができる環境の整備が進んでいます。例えば、オフィス拠点を統合・集約することで半減させ、従業員同士のコラボレーションの活性化を図ったり、サテライトオフィスを用意して働く場所の選択肢を増やしたりするなど、従業員のウェルビーイングに資する施策を打ち出しています。

　コロナ禍が落ち着いてからオフィス勤務に回帰する風潮にある中、富士通はその流れに合わせるのではなく、生産性や従業員の声をデータから分析し、最適な働き方やオフィスのあり方を追求していくとのことです。

　働く人のEXが充実する多種多様なプログラムが展開されている富士通ですが、それを支えているのが経営陣のリーダーシップと専門組織の存在です。きっかけは2019年に代表取締役社長に就任した時田隆仁氏が、「IT企業からDX企業へ」と宣言し、「フジトラ」を開始したことでした。これにより、挑戦的な企業の姿勢へと変わることになったのです。また、CHRO（最高人事責任者）の平松浩樹氏が富士通に「変革の風を起

こす」人事面での改革を推進しました。

　従業員のエンゲージメント向上とキャリアオーナーシップの支援を目的とした専任組織を設置している富士通では、経営陣のサポートを得ながら組織が全体の企画を担い、経営者や事業責任者の視点から組織の成長を促す人事のプロであるHRBP（Human Resource Business Partner）が現場視点でのフィードバックや施策展開を担っています。このように経営と現場の視点をしっかり組み合わせながら、従業員の働きがいを支援しています。

　富士通では社員の自律と挑戦による成長がパーパス経営の基盤になるとしています。EXの充実にも資する人事戦略を今後どのように展開させていくのか興味があるところではないでしょうか。

　同社Employee Success本部Engagement & Growth統括部の佐竹秀彦部長はこのことについて、「ジョブ型人事制度のフルモデルチェンジから3年が経過したものの、まだマネジメント層や従業員のマインドセットの変革、属人化している仕事の標準化が十分でないと感じています。制度の変革と従業員のマインドセットの変革をバランス良く進めなければ、変革は成功しないと考えています。これからも両者のバランスの実現に向けて、適所適材の推進に注力していきます」と"変革"をキーワードに、社員1人ひとりの適正が活かせる人事マネジメントの展開を示しています。

●取材協力
佐竹秀彦氏（富士通株式会社Employee Success本部Engagement & Growth統括部部長）
伊藤正幸氏（富士通株式会社Engagement & Growth統括部キャリアオーナーシップ支援部部長）

おわりに

エンゲージメントは結果であり、従業員エクスペリエンス（EX）はそのためのプロセス。

これはエンゲージメントの高い企業は、すべからくEXも高いレベルにあることを意味しています。日々の仕事が楽しい、組織や上司から価値あるものと認められている、同僚との学びの多い対話がなされている。ささやかな良い体験が積み重なることで、所属企業に対するロイヤリティや帰属意識が醸成され、エンゲージメントは高まっていくのです。

逆に、EXが低いレベルにあれば、エンゲージメントが高まることはありません。仕事が単調でつまらない、組織や上司から軽んじられる、職場はギスギスとして雰囲気が悪い。このような中で、組織に対して自発的に貢献しようとする気持ちが湧くことはありません。

エンゲージメントをはかるうえで、重要な質問があります。

「あなたは、家族や親しい友人などの大切な人に自社への入社を勧めますか？」

これは、自社が真に充実した企業であるかをはかる質問です。金銭的な報酬や知名度だけではなく、働きがいや組織風土などを含めた実質的な判断を問いかけています。いかに高報酬であっても、パワハラや社内政治が横行していたり、無駄な手続きや会議ばかりしていたりするようだと、自分の大事な人に入社を勧めるわけにはいかないでしょう。

エンゲージメントを高め、従業員が存分に力を発揮する企業をつくるためには、EXを高めることが欠かせないのです。

人的資本経営の本質は、1人ひとりの従業員が持てるすべての力を発揮し、企業の価値を最大化することにあります。人という資本は感情を持つ人間です。そのため、そのパフォーマンスは一定ではなく、働きか

けによって浮き沈みします。それを高いレベルで安定させるためには、「上機嫌な職場」であることが重要です。

　日本の職場は、どちらかというと「不機嫌な職場」が主流です。日曜の夜になると、「仕事に行くのが嫌だな」と考えてしまう。SNSに会社や上司の悪口を書き連ねてしまう。最近は赤提灯で荒ぶる人も少なくなってきましたが、会社や職場に対する漫然とした不満を抱く日本人ビジネスパーソンも多いのではないでしょうか。

　かつては、それでも良かったかもしれません。しかし、これからはそうではありません。日本の少子高齢化は進み、人材の獲得競争は激化していきます。働きざかりの日本人男性だけが活躍すればよいのではなく、女性や高齢者、外国人など性差・国籍関係なく全員が活躍できる企業にならなければなりません。それぞれの持つ価値観や捉え方にも多様性が出てきます。いままでどおりだからいいやとそれまでと同じ組織運営を続けていると、知らずに「嫌な体験」が積み上がり、「不機嫌な職場」になってしまいます。

　そして、従業員から「選ばれない会社」になってしまうと、次々と人が離れていき、企業は活力を失ってしまいます。今後の労働人口の減少を踏まえると、経営を左右する深刻な事態に陥りかねません。

　いま、まさに日本企業は岐路に立たされていると言っても過言ではないでしょう。「選ばれる会社」になるために、EXを高め、真に従業員から支持される会社になるか否か。それによって会社の明暗が分かれてしまう可能性が高いといえます。

　だからこそ、筆者らは本書を上梓することで、ひとつでも多くの日本企業が変わるきっかけになればと考えています。

　本書の執筆にあたり、多くの方々の協力をいただきました。PwCコンサルティング合同会社のメンバーである森岡桃子さん、伊丹健人さん

には多大な労力をかけて執筆協力をいただきました。メルカリPeople Experience部門の早川亜貴さん、パーソルホールディングス人事本部人事企画部部長の山崎涼子さん、ユニリーバ・ジャパンPeople Experience & Operations Managerの登野城昌和さん、富士通Employee Success本部 Engagement & Growth統括部部長 佐竹秀彦さん、同社Engagement & Growth統括部 キャリアオーナーシップ支援部部長 伊藤正幸さんには取材を通して貴重な先進事例を共有いただきました。編集者の根本浩美さんには、いつもながら丁寧に編集いただきました。この場を借りて、皆様のお力添えに深く感謝いたします。

　本書が日本企業ひいては日本社会において、従業員エクスペリエンスの指針となることでその重要性や方法論が広がっていき、日本企業における職場が活性化していくことを願ってやみません。

　令和6年5月
　　　　　　　　　　　　　　　　　　　著者を代表して　加藤守和

加藤 守和 (かとう もりかず)

PwCコンサルティング合同会社 ディレクター

事業会社の人事部の他、日系および外資系のファーム数社を経て現職。製造、製薬、広告、ITなど幅広い業界に対して、約20年間の人事コンサルティング経験を持つ。組織設計、人事制度構築、退職金制度構築、M&A、リーダーシップ開発、各種研修企画・運営など、ハードとソフトの両面からの組織・人事改革を支援する。著書に『リーダーになったら知っておきたい12のこと』『日本版ジョブ型人事ハンドブック』『ジョブ型人事制度の教科書』(共著)(以上、日本能率協会マネジメントセンター)、『ウェルビーイング・マネジメント』『Future of Work』(共著)(以上、日経BP)、『「日本版ジョブ型」時代のキャリア戦略』(ダイヤモンド社) など。

土橋 隼人 (どばし はやと)

PwCコンサルティング合同会社 ディレクター

会計事務所系コンサルティングファーム2社を経て現職。15年以上にわたり組織・人事領域のコンサルティングに従事。人事制度改革(等級・報酬・評価制度の設計および導入支援)、M&A・組織再編に伴う制度統合支援、ピープルアナリティクス、人的資本経営・情報開示支援など幅広い領域を支援。従業員エクスペリエンスおよびサステナビリティ経営推進(人事領域)、人的資本経営・情報開示のサービス担当。

〈執筆協力〉

森岡 桃子 (もりおか とうこ)

PwCコンサルティング合同会社 シニアアソシエイト

新卒でPwCコンサルティング合同会社に入社後、人事制度改革、システム導入管理、グローバルでの従業員報酬調査、M&Aに伴うカルチャー統合支援など、複数の領域における人事・組織改革を支援。チームメンバーとして従業員エクスペリエンス向上施策の調査・検討に従事し、国内企業向けサーベイを担当。

伊丹 健人 (いたみ けんと)

PwCコンサルティング合同会社 アソシエイト

新卒でPwCコンサルティング合同会社に入社後、人事制度改革、人的資本経営・情報開示支援、人事デューデリジェンスなど、複数の領域における人事・組織改革を支援。チームメンバーとして従業員エクスペリエンス向上施策の調査・検討に従事し、国内企業向けサーベイを担当。

PwCコンサルティング合同会社について

PwCコンサルティング合同会社は、経営戦略の策定から実行まで総合的なコンサルティングサービスを提供している。PwCグローバルネットワークと連携しながら、クライアントが直面する複雑で困難な経営課題の解決に取り組み、グローバル市場で競争力を高めることを支援する。

PwC Japanグループについて

PwC Japanグループは、日本におけるPwCグローバルネットワークのメンバーファームおよびそれらの関連会社の総称。各法人は独立した別法人として事業を行っている。複雑化・多様化する企業の経営課題に対し、PwC Japanグループでは、監査およびブローダーアシュアランスサービス、コンサルティング、ディールアドバイザリー、税務、そして法務における卓越した専門性を結集し、それらを有機的に協働させる体制を整えている。また、公認会計士、税理士、弁護士、その他専門スタッフ約11,500人を擁するプロフェッショナル・サービス・ネットワークとして、クライアントニーズにより的確に対応したサービスの提供に努めている。

EX 従業員エクスペリエンス

2024年6月30日　初版第1刷発行

著　者——加藤 守和 ©2024 Morikazu Kato
　　　　　土橋 隼人 ©2024 Hayato Dobashi
発行者——張 士洛
発行所——日本能率協会マネジメントセンター
〒103-6009 東京都中央区日本橋 2-7-1　東京日本橋タワー
TEL 03（6362）4339（編集）／03（6362）4558（販売）
FAX 03（3272）8128（編集）／03（3272）8127（販売）
https://www.jmam.co.jp/

装　　　丁——重原 隆
本文 DTP——株式会社森の印刷屋
印　刷　所——広研印刷株式会社
製　本　所——ナショナル製本協同組合
編集協力——根本 浩美（赤羽編集工房）

ISBN978-4-8005-9244-6 C2034
落丁・乱丁はおとりかえします。
PRINTED IN JAPAN

リーダーになったら知っておきたい12のこと
組織人事コンサルが教えるこれからのチームマネジメント

加藤守和　著

四六判320ページ

会社が任命すればマネジャーにはなれるが、リーダーはメンバーから信頼されなければなれない──。信頼されるリーダーになるためのビジョンの持ち方、スキルの磨き方を12のテーマから具体的に解説。

ジョブ型人事制度の教科書
日本企業のための制度構築とその運用法

柴田 彰／加藤守和　著

A5判224ページ

「ジョブ型は成果主義のことだ」などとの誤解があるジョブ型人事制度。「処遇は職務の価値によって与えられる」ことを根底に、制度設計から評価法、運用法などの実務を専門家が詳述。

日本版ジョブ型人事ハンドブック
雇用・人材マネジメント・人事制度の理論と実践

加藤守和　著

A5判216ページ

ジョブ型を導入する現場では「職務記述書」と「職務評価」の運用がカギとなる。その具体的な取り組み方や基幹人事制度および人材マネジメントへの活用法を丁寧に解説。制度導入・運用の手引きに使える。

マネジャーの仕事100の基本
エンゲージメントを高めるチームマネジメント

綱島邦夫　編著
柏倉大泰／吉本智康　著

四六変形判272ページ

金融業界でビジネスを学び、米国MBAを取得したのち世界有数の外資系コンサルティングファームで国内外のさまざまな企業の経営指導に関わる編著者が説く組織開発・業績管理・部下指導のための実践術。

日本能率協会マネジメントセンター